백성을 위해 새 세상을 열어라!

정조

새시대 큰인물 **27**

백성을 위해 새 세상을 열어라!

정조

개정판 1쇄 | 2006년 4월 20일
개정판 4쇄 | 2013년 7월 25일

글쓴이 | 햇살과나무꾼
그린이 | 이관수
발행인 | 양원석
편집장 | 전혜원
디자인 | 최현숙
마케팅 | 김경만, 곽희은, 우지연, 송기현
제작 | 문태일, 김수진

펴낸곳 | (주)알에이치코리아
주소 | 153-802 서울시 금천구 가산디지털 2로 53, 20층(한라시그마밸리)
전화 | 02-6443-8870(내용), 02-6443-8838(구입), 02-6443-8962(팩스)
등록 | 2004년 1월 15일 제2-3726호

ISBN 978-89-5986-365-5 74990
       989-89-5986-338-9 (세트)

RHK 는 랜덤하우스코리아의 새 이름입니다.

백성을 위해 새 세상을 열어라!

정조

햇살과나무꾼 글 | 이관수 그림

주니어 RHK

글쓴이의 말

　요사이 뉴스나 신문에는 '양극화'라는 말이 자주 나와요. 양극화란 소득 격차가 심해져서 잘사는 사람들은 갈수록 잘살고 못사는 사람들은 갈수록 못살게 되는 것을 말한답니다. 돈이 너무 많아서 온몸을 명품으로 치장하는 사람이 늘어 가는 반면에 당장 먹을 것이 없어 굶주리는 사람도 늘어 가는 것이 양극화를 보여 주는 풍경이지요.

　잘사는 사람과 못사는 사람의 살림 차이가 심해지면, 사람들이 서로 미워하게 되고 말아요. 그래서 양극화가 심각한 사회는 유지되기 어렵지요. 사람들이 양극화 문제를 빨리 해결해야 한다고 주장하는 까닭도 바로 여기에 있어요.

　그런데 조선 시대에도 이런 양극화가 큰 문제로 떠오른 적이 있답니다. 임진왜란(1592~1598년)과 병자호란(1636~1637년)이 끝나고 조선 후기로 접어들면서 일어난 일이었어요. 그 무렵에 우리나라에서는 농업과 상업이 급격하게 발전했어요. 그 결과 농민과 상민들 중에서도 큰돈을 버는 사람이 늘어났고, 이들이 돈으로 양반 신분을 사들이면서 특권 계급인 양반의 수가 아주 많이 늘어났지요. 그러자 가난한 백성들은 더욱 가난해졌어요. 돈 많은 사람들이 닥치는 대로 땅을 사들이는 바람에 땅을 잃고 소작농이 되거나 일거리를 찾아 도시로 떠나는 농민이 늘었고, 큰 상인들이 돈벌이가 될 만한 물건들을 닥치는 대로 사들이는 바람에 가난한 상인들은 갈수록 설 자리가 줄어들었지요. 그런 마당에 특권 계급인 양반의 수가 늘어나자, 가난한 백성들은 세금과 국역 부담이 늘어나 등골이 빠질 지경이 되었답니다.

　정조는 바로 이런 시대에 임금이 되었어요. 그리고 가난하고 힘없는 백성들이 잘살 수 있는 세상을 만들기 위해 노력했지요. 사실, 조선 시대를 통틀어 정조만큼 자주 궁궐 밖으로 나가 백성들의 억울한 사정을 살핀 임금은 없답니다. 백성들을 괴롭히는 수령과 지방 양반들을 혼내 주기 위해 정조만큼 자주 암행어사를 내려 보낸 임금도 없었고요.

정조는 양반의 자제로 태어났지만 양반 대접을 받지 못하던 서얼과, 사람으로 태어났지만 짐승처럼 천하게 여겨지던 노비의 처지도 몹시 딱하게 여겼어요. 그리고 임금으로 있는 기간 내내 서얼의 권리를 높이고 노비 제도를 없애려고 애썼지요. 죄를 짓고 감옥에 갇힌 죄인들도 인간다운 대접을 받을 권리가 있다고 믿고 죄인들을 함부로 다루지 못하도록 제도를 정비하기도 했어요.

정조는 학문이 바로 서야 나라가 바로 선다고 보고 학문을 발달시키는 일에도 각별한 관심을 기울였어요. 그리고 궁궐 안에 규장각이라는 학문 연구 기관을 세우고 초계문신 제도를 마련해 조정에 공부하는 바람을 일으키기도 했지요. 그 결과, 정조 시대에는 학문과 문화가 아주 발달했답니다. 백성들의 삶에 실제로 도움이 되는 학문을 연구하자는 실학 운동과, 판소리와 한글 소설로 대표되는 서민 문화의 꽃이 핀 것도 모두 정조 시대에 일어난 일이었지요.

이 책에는 바로 이런 정조의 이야기가 담겨 있어요. 이제 다 같이 책장을 넘겨 백성을 아끼고 사랑한 임금 정조가 꿈꾸던 세상이 어떤 것이었는지, 그런 세상을 만들기 위해 정조가 어떤 노력을 기울였는지 알아보도록 할까요?

2006년 봄 햇살과나무꾼

차례

글쓴이의 말 · 4

아비를 살려 주십시오! · 9

시련의 나날들 · 15
- 자기 손으로 아들을 죽인 왕, 영조 · 22

새 시대를 위하여 · 24
- 모내기법과 골뿌림법이 어떻게 농업 생산량을 늘렸을까? · 30

공부하는 임금님, 공부하는 관리들 · 31
- 정조와 실학 · 40

노비와 서얼도 나의 백성이다 · 42
- 죄인에게도 인권은 있다 · 52

억울한 일을 당한 자는 누구든 와서 알려라 · 53
- 상소와 신문고 · 59

수령이 바로 서야 백성이 편하다 · 60
- 암행어사는 어떻게 일했을까? · 66

백성들을 위한 경제개혁, 신해통공 · 68
- 탕평을 가로막던 이조전랑 · 80

진산 사건 · 81
- 북학파를 이끈 연암 박지원 · 90

개혁의 터전, 수원 화성을 지어라! · 91
- 《화성성역의궤》 · 100

결전을 앞두고 · 101

갑작스러운 죽음 · 111
- 정조는 정말로 독살을 당했을까? · 118

열린 주제 · 120
인물 돋보기 · 122
연대표 · 124

정조

아비를 살려 주십시오!

　1762년 여름 어느 날, 임금님이 사는 대궐에 전에 없이 무거운 분위기가 흘렀어요. 군사들이 굳게 잠긴 대궐 문 앞을 지키고, 닫힌 문 안에서는 세자가 관과 도포를 벗고 죄인처럼 꿇어앉아 있었지요.
　임금 영조가 세자 앞에 서서 지엄하게 꾸짖었어요.
　"죄 없는 궁녀들을 죽이고 허락 없이 몇 달 동안 궁궐을 비우다니, 그러고도 너를 세자라고 할 수 있겠느냐?"
　그러더니 영조는 싸늘한 목소리로 명을 내렸어요.
　"네가 살아 앞으로 이 나라를 이어받으면, 나라를 망치고 백성에게 고통을 안겨 줄 뿐이다. 차라리 지금 목숨을 끊어 나라와 백성 앞에 죄를 씻어라."

세자는 깜짝 놀라 고개를 들었어요.

"아바마마!"

세자의 눈에는 눈물이 가득 고여 있었어요.

"아바마마! 소자, 다시는 아바마마의 기대를 저버리지 않겠나이다! 부디 용서해 주시옵소서!"

세자가 울부짖었어요. 세자는 이마에서 피가 나도록 머리를 조아리며 영조에게 용서를 빌었지요.

하지만 영조는 노여움을 거두지 않았어요. 내시를 시켜 칼을 건네며 어서 목숨을 끊으라고 재촉했지요.

"네가 이제 짐의 명까지 우습게 아는 것이냐? 어서 그 칼로 목숨을 끊지 못할까!"

세자는 결국 일어나서 영조에게 하직 인사를 올렸어요. 그러고는 칼집에서 칼을 뽑아 들고 배를 가르려고 했지요.

그때 세자전의 내시와 관리들이 달려 나왔어요.

"아니 되옵니다, 저하!"

"전하, 세자 저하를 용서해 주시옵소서!"

세자전의 내시와 관리들은 급히 세자한테서 칼을 빼앗았어요.

"이런 무엄한 것들을 보았나!"

영조는 길길이 뛰며 세자전 사람들을 모두 끌어내라고 소리쳤어요. 그러고는 군사들을 시켜 뒤주를 가져오게 했지요.

군사들이 커다란 뒤주를 들고 오자, 영조는 세자에게 뒤주 안으로 들어가라고 했어요.

그때 어린 세손이 군사들을 뚫고 들어와 영조 앞에 머리를 조아렸어요.

"할바마마, 아바마마를 용서해 주십시오! 아바마마를 살려 주세요!"

세손의 나이는 이제 겨우 열한 살이었어요. 어린 세손이 아버지를 살려 달라고 울부짖는 모습을 보고 군사들은 안쓰러워 고개를 돌렸지요.

하지만 영조는 꿈쩍도 하지 않았어요.

"누가 세손을 들이라 했느냐? 어서 썩 데리고 나가지 못할까!"

영조의 호통에 군사들이 다가가자, 세손은 주위에 서 있는 대신들한테 달려가 옷자락에 매달려 애원했어요.

"아바마마를 도와주세요! 아바마마를 살려 주세요!"

하지만 대신들은 난처한 얼굴로 고개를 돌릴 뿐이었어요. 대궐 안에는 세자의 편이 되어 줄 대신이 아무도 없었답니다.

결국 세손은 군사들의 손에 들려 밖으로 나갔어요. 그리고 세자는 뒤주 속으로 들어갔지요.

그러자 영조가 군사들에게 말했어요.

"저놈은 힘이 장사라서 얼마든지 뒤주를 열고 나올 수 있다. 그러니 뒤주에 못을 박고 동아줄로 꽁꽁 묶어라. 누구든 뒤주를 열어 주는 자가 있으면, 엄벌에 처하리라!"

그러고 나서 영조는 대전으로 돌아갔어요.

그 뒤 세자는 여름 땡볕에 찜통처럼 달구어진 뒤주 속에서 며칠 동안 물 한 방울 마시지 못하고 갇혀 있었어요. 마침내 여드레째 되는 날 새벽, 세자는 더위와 목마름과 배고픔을 견디지 못하고 결국 숨을 거두고 말았답니다.

임오년에 일어났다고 해서 이 일을 '임오화변'이라고 해요. 조선 왕조가 생긴 이래 아들인 세자가 아버지인 임금의 명을 받고 죽은 것은 임오화변이 처음이자 마지막이었지요. 하지만 이때 아버지를 잃은 세손은 평생 한으로 맺힐 큰 상처를 이겨 내고, 역사에 길이 남을 훌륭한 임금이 되었어요. 바로 이분이 백성을 자기 몸처럼 아끼고 사랑한 임금, 정조랍니다.

시련의 나날들

정조는 1752년 9월 22일 사도 세자와 세자빈 홍씨의 맏아들로 태어났어요. 원래 이름은 산이었는데, 어려서부터 영특하고 총명해 할아버지 영조의 기대를 한 몸에 받았답니다. 그런데 열한 살 되던 해 여름에 산은 평생 잊지 못할 가슴 아픈 일을 겪게 되었어요. 아버지 사도 세자가 뒤주에 갇혀 죽고 만 거예요.

사도 세자의 죽음은 겉보기에는 단순히 아버지와 아들의 갈등 때문에 일어난 일 같았어요. 하지만 그 뒤에는 아주 복잡한 사정이 숨어 있었답니다.

조선 시대 중기부터 선비들과 벼슬아치들은 뜻이 맞는 사람들

끼리 무리를 이루어 권력 다툼을 벌이기 시작했어요. 이것을 '당쟁'이라고 해요. 당쟁이 아주 심할 때 선비들과 벼슬아치들은 상대 당파 사람들을 역적으로 몰아 떼죽음을 시키기도 했답니다. 자기 당파와 뜻을 달리하면 임금도 임금으로 인정하지 않았지요.

사도 세자는 이러한 당쟁에 휘말려 목숨을 잃었어요. 영조가 아끼던 노론과 외척(외가 쪽의 친척)을 멀리하고 반대파인 소론과 남인을 가까이하다 모함을 받은 거예요.

노론과 외척들은 사도 세자가 임금이 되면 자기들 힘이 약해질 거라고 생각했어요. 그래서 세자가 임금이 되는 걸 막으려고 시시때때로 영조 앞에서 세자의 흉을 보았답니다. 그러다 세자가 석 달 동안 대궐을 비우자, 노론과 외척들은 세자가 나라를 무너뜨리기 위해 군사를 모으러 다닌다고 모함을 했어요.

'권력은 아들과도 나누지 않는다'라는 말이 있어요. 권력이라는 것이 그만큼 달콤하고 또 무시무시하다는 뜻이지요. 실제로 영조는 자신의 권력을 위협하는 사도 세자를 두려워했어요. 그래서 아버지로서 아들을 죽이는 무자비한 일을 저지르고 만 거랍니다.

사도 세자가 죽은 다음에야 영조는 자신이 얼마나 무서운 일을 저질렀는지 깨달았어요. 하지만 후회한다고 해서 죽은 아들이 되살아 나지는 않았어요. 대신 영조는 아들에게 못다 베푼 사랑을 손자 산에게 쏟아 부었답니다. 세자가 머무는 동궁전으로 산을 이사시키고, 훌륭한 학자들을 붙여 임금이 되기 위한 공부를 시켰지요.

할아버지의 사랑이 깊어질수록 산은 죄책감에 시달렸어요.

'아들인 내가 아바마마의 자리에 앉아 아바마마가 받아야 할 사랑을 받다니……. 내가 없었더라도 할바마마는 아바마마를 폐할 수 있었을까?'

이런 생각이 머리에서 떠나지 않아 산은 늘 괴로웠어요.

하지만 사도 세자를 죽음에 이르게 한 진짜 책임이 누구에게 있는지, 산이 깨닫기까지는 그리 오랜 시간이 걸리지 않았답니다. 사도 세자를 없애는 데 앞장선 노론과 외척들이 이제 산에게로 공격의 화살을 돌렸기 때문이지요. 산이 임금이 되면 아버지를 죽인 자신들을 가만두지 않을 것이 분명했으니까요.

"나라에 금주령이 내려졌는데, 세손이 몰래 대궐 밖으로 나가 술을 마시고 다녔다고 합니다!"

"세손이 대궐에 여자를 불러들였다고 합니다!"

노론과 외척들은 틈만 나면 영조 앞에서 산을 모함했어요. 뿐만 아니라 산에게 임금 자리를 물려주는 것을 대놓고 반대했어요. 사도 세자는 죄인이고 죄인의 아들은 임금이 될 수 없다면서요.

영조는 손자까지 잃고 싶지는 않았어요. 산에 대해서라면 누구의 말에도 흔들리지 않을 만큼 굳은 믿음도 있었고요.

"세손은 노는 일에는 털끝만큼도 마음이 없는 사람이오. 궁궐 후원에 꽃이 만발해도 짐이 나가자고 하지 않으면 나가서 구경하는 법이 없소. 날마다 하는 일이라고는 조용히 앉아 책을 읽는 것뿐이니, 이것이 어디 억지로 되는 일이겠소? 책을 읽고 학문을 좋아하는 것이 바로 그 아이의 천성이기 때문이오. 그런 아이가 술을 마시고 여자를 탐한다는 말을 대체 누가 믿겠소?"

영조는 이렇게 산의 편을 들면서 감싸 주었어요.

실제로도 산은 책을 무척 좋아했답니다. 동궁전에 '개유와'라는 개인 도서관을 마련해 놓고, 좋은 책이 있다면 나라 밖에서까지 구해 와서 읽을 정도였지요.

동궁 시절에 산은 언제 자객이 칼을 들고 들이닥칠지 몰라 밤잠도 제대로 이루지 못했어요. 매일 밤을 뜬눈으로 지새우고, 동이 트고 문 밖에서 인기척이 들려야 겨우 눈을 붙였지요.

책은 이 힘겨운 시절에 산이 어지러운 마음을 다스리고 위험으

로부터 스스로를 지키는 데 큰 도움을 주었어요. 해가 진 뒤부터 이튿날 동이 틀 때까지, 그 적막하고 고요한 시간을 산이 맑은 정신으로 버텨 낼 수 있었던 것도 모두 책이 있었기 때문이지요.

"단단한 돌이나 쇠는 높은 곳에서 떨어지면 깨지기 쉽다. 그러나 물은 아무리 높은 곳에서 떨어져도 깨지지 않는다. 스스로 굽히고 적응함으로써 자기 앞에 놓인 모든 장애물을 넘고, 마침내는 바다에 이른다……."

깊은 밤에 불 켜진 동궁전에서 산은 책을 읽다가 되뇌었어요. 그러고는 주먹을 꼭 쥐고 다짐했지요.

"그래, 나도 저 물과 같이 오늘의 이 시련을 넘고 살아남으리라. 그리고 임금이 되어 나라를 망치는 당쟁을 깨뜨리고 말리라!"

자기 손으로 아들을 죽인 왕, 영조

영조는 1694년에 숙종의 아들로 태어났어요. 숙종 시대에 벼슬아치들은 서인과 남인으로 나뉘어, 각각 인현 왕후와 장희빈을 앞세우고 치열한 당쟁을 벌였어요. 이 싸움은 장희빈이 사약을 받고 남인이 몰락하면서 끝이 났답니다.

그런데 숙종이 죽고 장희빈의 아들 경종이 임금이 되자, 서인은 경종을 인정하는 소론과 인정하지 않는 노론으로 갈라져 당쟁을 벌이기 시작했어요.

조선 21대 임금 영조
조선시대 왕 가운데 재위기간(52년)이 가장 길었어요.

노론은 아들이 없는 경종에게 압력을 넣어 배다른 아우 연잉군(뒷날의 영조)을 세자로 삼게 했어요. 그러고는 세자에게 대리 청정(임금을 대신해 세자가 정치를 하는 것)까지 맡기려다, 반대파인 소론의 비판을 받고 60여 명이 사형을 당하게 되었지요.

연잉군은 이때 목숨을 잃을 위기를 간신히 넘기고, 2년 뒤 경종이 갑자기 죽으면서 조선의 21번째 임금이 되었어요.

치열한 당쟁 속에서 왕위에 오른 영조는 당쟁의 문제점을 누구보다 잘 알고 있었어요. 그래서 당쟁을 줄이기 위해 인재를 골고루 등용하는 탕평책을 폈지요. 하지만 탕평책을 펴면서도 영조의 마음은 자신을 밀어 준 노론 쪽으로 조금 더 기울어 있었어요.

이에 반해 사도 세자는 옛날의 의리를 내세워 나랏일을 좌지우지하는 노론을 좋아하지 않았어요. 영조와 경종 사이에서 있었던 일을 알고 나서는 노론을 더욱 싫어하게 되었지요.

사도 세자의 이런 생각은 노론은 물론이고, 영조에게도 큰 위협으로 다가갔어요. 그 탓에 영조는 사도 세자의 행동 하나하나를 감시하기에 이르렀고, 자신의 권력 기반을 튼튼히 하기 위해 결국 사도 세자를 죽이고 말았지요.

시련의 나날들

새 시대를 위하여

1776년 봄, 영조가 83세의 나이로 세상을 뜨고 산은 조선의 22대 임금 정조가 되었어요. 임금이 되자마자 정조는 아버지 사도 세자에게 '장헌 세자'라는 시호(임금이나 정승 등이 죽은 뒤 그들의 공적을 기리어 주는 이름)를 올리고 사당을 새로 지었어요. 그러고는 아버지의 사당을 찾아가 목놓아 울부짖었지요.

"아바마마!"

얼마나 오랜만에 소리쳐 불러 보는 이름인지, 정조는 북받쳐 오르는 설움에 어린아이처럼 엉엉 울었답니다.

그 모습을 보고 노론 대신들은 간담이 서늘해졌어요. 조정에 또

한 차례 피바람이 불지 않을까 걱정하는 이도 많았지요.

아니나 다를까, 정조는 정후겸, 김구주, 홍봉한 등 사도 세자를 모함하고 자신이 임금이 되는 것을 방해한 외척들에게 큰 벌을 내렸어요. 하지만 사도 세자의 문제를 물어 노론 전체를 벌주지는 않았어요. 해야 할 일이 산더미처럼 쌓여 있는데 사도 세자의 문제를 들추어내면, 당쟁에 불이 붙어 해야 할 일이 뒷전으로 밀리고 말 테니까요.

그 무렵 조선은 큰 변화를 겪고 있었어요.

먼저, 모내기법과 골뿌림법 같은 새로운 농사 기술이 도입되어 농업 생산량이 크게 늘어났어요. 그러자 농산물을 사고파는 상업이 발달했지요. 상인들이 벌어들인 돈을 투자할 곳을 찾으면서 수공업을 비롯한 다른 산업도 발전하기 시작했어요.

그런데 산업이 발전하자, 생각지 못했던 큰 문제가 생겼어요. 농업이나 상업에 종사하며 큰돈을 벌어들인 백성들이 양반의 신분을 마구 사들인 탓에, 전체 인구의 10퍼센트도 안 되던 양반이 인구의 절반을 차지할 만큼 늘어난 거예요.

조선 시대에 양반은 권리는 있는 대로 누리고 의무는 거의 지지 않던 특권 계급이었어요. 넓은 땅과 높은 벼슬을 가지고 백성들을

다스리면서, 군대에 가지 않고 세금도 거의 내지 않았답니다. 이러한 특권 계급이 늘어나자, 나머지 백성들은 전보다 더 많은 부담을 져야 했어요. 가난한 백성들 중에는 병역이나 세금 부담을 견디지 못해 달아나거나, 도적이 되는 사람까지 생겨났지요.

'가진 자들은 양반 신분을 사들여 더욱 부자가 되고, 가난한 자들은 국역 부담 때문에 더욱 가난해질 수밖에 없으니……. 아아, 이렇게 불공평한 세상이 얼마나 오래 갈 수 있을까?'

정조는 불공평한 법과 제도를 고치지 않으면 나라의 앞날을 기약할 수 없으리라 생각했어요. 그래서 이 문제를 해결할 때까지 아버지의 억울함을 푸는 일은 묻어 두기로 했지요.

더욱이 정조는 힘도 없었어요. 노론은 80여 년 동안 나랏일을 쥐락펴락하며 조정 곳곳에 자기 사람들을 심어 두었지만, 정조는 이제 겨우 임금이 된 터라 조정에 자기 사람이 거의 없었어요. 준비되지 않은 싸움이 어떤 결과를 낳는지, 정조는 아버지의 일을 통해 잘 알고 있었지요.

'자식으로서 아버지의 억울함을 풀어 드리는 것은 당연한 도리지만, 아직은 때가 아니다. 우선은 당파 싸움을 잠재워 정치를 안정시켜야 한다. 그래야

백성들의 고충을 덜어 줄 법과 제도를 만드는 일에 힘을 쏟을 수 있다.'

정조는 생각했어요. 그리고 대신들 앞에서 뜻을 밝혔지요.

"돌아가신 아바마마의 일을 들추어 더 이상 잘잘못을 가리지는 않겠소. 다만, 아비와 자식의 정은 끊으려야 끊을 수 없는 것이니, 내가 돌아가신 아바마마께 효를 다하고자 하는 것을 두고 이러쿵저러쿵하지는 말아 주시오."

백성들을 위한 새 시대를 열기 위해, 가슴속에서 끓어오르는 분노를 애써 억누르고 개인적인 고통은 개인적으로 이겨 내겠다고 약속한 거예요.

모내기법과 골뿌림법이 어떻게 농업 생산량을 늘렸을까?

조선 시대 초기까지 사람들은 논에 볍씨를 바로 뿌려 마른논에서 벼를 길렀어요. 그 탓에 논에 잡초가 무성해져서 농부들이 여름내내 김매기에 매달려야 했지요.

하지만 모내기를 하면 김매기에 드는 시간이 확 줄어들어요. 모내기란 모판에 볍씨를 뿌려 모를 기른 다음에 논에 물을 채우고 옮겨 심는 걸 말해요. 그런데 이렇게 하면 여름 내내 물이 차 있는 논에서 벼를 기르므로 잡초가 잘 자라지 못하거든요. 또한 모내기를 하면 튼튼한 모만 골라서 논에 옮겨 심을 수 있기 때문에 수확량도 많이 늘어난답니다. 모내기를 하기 전까지 노는 논에 보리를 기를 수도 있고요.

정조 시대에는 골뿌림법도 전국으로 퍼져 나갔어요. 골뿌림법이란 밭에 고랑(두두룩한 두 땅의 사이에 좁고 길게 들어간 곳)을 내고 그곳에 씨앗을 뿌려 농작물을 기르는 방법을 말해요. 이렇게 하면 잡초가 줄고, 거름을 주기 쉬우며, 바람이 잘 통하기에 농작물이 잘 자란답니다.

조선 후기에는 이 밖에도 비료의 종류가 다양해지고, 거름 주는 방법도 발전했으며, 농기구도 큰 발달을 이루었어요. 덕분에 농사를 짓는 데 드는 힘이 줄어들고 수확량이 늘어나, 농사를 지어 큰 돈을 버는 사람도 생겨나게 되었지요.

공부하는 임금님, 공부하는 관리들

들썩거리던 조정이 안정을 되찾자, 정조는 영조의 뒤를 이어 탕평책을 계속 펴겠다고 밝혔어요. 그런데 정조의 탕평책은 영조의 탕평책보다 훨씬 엄격했답니다. 영조의 탕평책이 노론 중심의 조정에 소론을 양념처럼 곁들이는 방식이었다면, 정조는 탕평의 범위를 넓혀 소론은 물론이고 남인과 북인까지 조정으로 불러들였지요. 그뿐인가요? '반역의 고향'으로 찍혀 오랫동안 차별을 받아 오던 서북 지방에서도 인재를 뽑아 벼슬을 내렸어요.

"탕평, 탕평 하고 빈 수레만 요란하더니, 이제 정말 탕평의 시대가 시작될 모양이야."

"그러니 더 이상 신세 한탄하지 말고 열심히 공부해 보세. 능력과 재주만 뛰어나면 이제 누구나 벼슬길에 오를 수 있으니."

당파와 가문, 지역에 밀려 번번이 과거에 낙방하던 가난하고 힘없는 선비들도 이제 희망을 품고 공부에 매달리게 되었어요. 더 이상 집안의 힘만 믿고 출세를 기대할 수 없게 되자, 권세 있는 가문의 선비들은 더욱 긴장하고 학문을 갈고 닦게 되었고요.

정조는 당파와 지역, 문벌로 얽혀 폐쇄적이기 짝이 없던 관료 사회에 이렇게 새로운 바람을 불어넣으며 또 한 가지 중요한 사업을 준비했어요. 왕실 도서관인 '규장각'을 새로 짓는 일이었지요.

규장각은 원래 역대 임금들이 남긴 글이나 글씨 등을 보관하기 위해 세워진 기관이었어요. 그런데 정조는 이곳을 중요한 책을 모으고 보급하는 도서관이자, 변화된 상황에 맞게 나라를 이끌어 갈 사상과 정책을 연구하는 기관으로 가꾸고 싶어 했어요. 나라가 바른 길로 나아가려면 무엇보다 생각의 뿌리가 되는 학문이 바로 서야 한다고 생각했거든요.

그래서 정조는 먼저 나라 안팎에서 나온 중요한 책을 모으기 시작했어요. 그 과정에서 청나라로부터 5000여 권에 이르는 《고금도서집성》도 들여왔지요. 《고금도서집성》은 그때까지 중국에 있

던 모든 책을 모아 다시 엮어 낸 백과사전 같은 것이었어요. 유학뿐만 아니라 과학, 역사, 음악 등 학문의 모든 분야에서 우리 학자들이 알지 못하던 새로운 지식과 정보를 담고 있었지요.

"청나라가 이렇게 발전하는 동안 우리는 무엇을 하고 있었단 말인가!"

"누가 아니라나? 이런 나라를 두고 오랑캐의 나라라고 깔보았으니, 우리야말로 우물 안 개구리에 지나지 않았네."

《고금도서집성》을 보고 우리 선비들은 큰 충격을 받았어요. 뒤이어 반성의 목소리도 크게 일었지요.

이러한 움직임에 힘입어 정조는 규장각을 더욱 강화해 나갔어요. 중견 관리들 가운데 학식이 뛰어난 사람들을 골라 규장각의 각신으로 앉히고, 박제가, 유득공, 이덕무 등 북학파 학자들을 검서관으로 들여 책과 문서를 정리하고 새로운 사상과 학문을 보급하게 했지요. 규장각 관리들이 맡은 일에만 전념할 수 있도록 외부의 관리들이 함부로 규장각에 드나들지 못하게 하는가 하면, 아무리 높은 벼슬아치가 와도 하던 일을 계속할 수 있도록 규장각 각신들에게 특권을 주었어요. 또 틈만 나면 규장각 관리들을 만나 나랏일을 함께 의논하며 백성들을 좀 더 잘살게 해 줄 방법을 궁리했답니다.

이렇게 해서 규장각의 기틀이 잡히자, 정조는 조정 대신들에게 말했어요.

"벼슬길에 들어서기 전까지는 부지런히 학문을 갈고 닦던 관리들이 벼슬길에만 들어서면 책을 놓으니, 어찌 된 일인지 모르겠소. 그래서 말인데, 젊은 관리들 가운데 재주 있는 자들을 골라 학문을 좀 더 갈고 닦을 기회를 주는 것이 어떻겠소? 그러면 너나없이 공부하는 분위기가 무르익어 조정의 논의가 좀 더 깊어지지 않겠소?"

이렇게 해서 조정에서는 초계문신 제도를 마련하게 되었어요. 서른일곱 살 이하의 젊은 관리들 가운데 재주 있는 사람들을 뽑아 규장각에서 함께 학문을 갈고 닦게 하는 제도였지요.

이렇게 뽑힌 관리들을 '초계문신'이라고 하는데, 초계문신들은 번잡한 업무에서 벗어나 공부에만 전념할 수 있었어요. 더욱이 장차 나라를 이끌어 갈 인재로 뽑힌 사람들이었기에 뭇사람의 부러움을 샀지요.

하지만 초계문신의 생활은 바깥에서 보는 것처럼 녹록하지 않았답니다. 한 주가 멀다 하고 시험을 치러, 잘 보면 상을 받았지만

잘 못 보면 벌을 받아야 했거든요.

정조는 초계문신의 시험 문제를 직접 내는 것은 물론이고, 초계문신들이 책을 읽고 강의할 때 강의실에 들어가 질문을 하기도 했답니다. 그러다가 성적이 나쁘거나 묻는 말에 제대로 대답을 못하는 사람이 있으면 등줄기에 땀이 나도록 호통을 쳤지요.

"자네가 공부에만 힘을 쏟을 수 있도록 지원해 주는 경비가 어디에서 나왔다고 생각하나? 모두 백성들이 한 푼 두 푼 모아 낸 세금으로 이루어진 것일세. 백성들의 정성을 우습게 여기는 자가 장차 이 나라를 어떻게 이끌 수 있겠는가?"

성적이 우수한 초계문신도 정조는 무턱대고 믿지 않았어요. 어떤 방법으로든 됨됨이를 알아보고 그 시험에 통과한 자에게만 믿음을 주었지요. 뒷날 실학을 집대성한 대학자로 자라난 정약용도 초계문신 시절에 정조의 시험에 걸려들었어요.

정약용은 당쟁에 밀려 오랫동안 벼슬길이 막혀 있던 남인 출신이었어요. 정조의 탕평책에 힘입어 벼슬길에 나서게 되었는데, 초계문신 시험에서 다섯 번이나 1등을 차지한 인재 중의 인재였지요. 그런 정약용에게 하루는 정조가 사람을 보내 다음 시험에 낼 문제를 미리 일러 주었어요. 하지만 정작 시험 날에는 미리 일러 준 문제와 완전히 다른 문제를 냈지요.

"《논어》의 위정 편을 외고 뜻을 풀이해 보게."

정조가 시치미를 뚝 떼고 물었어요.

"'자왈, 위정이덕 비여북신거기소이중성공지(子曰, 爲政以德 譬如北辰居其所而衆星共之)'니라. 공자께서 말씀하시기를, 덕으로 다스리는 것은 북극성이 제자리에 머물러 있어도 뭇 별들이 그를 중심으로 도는 것과 같다 하셨습니다. 이는 권력을 가진 사람은 힘이 아니라 덕으로 세상을 다스려야 한다는 가르침을 담은 구절입니다. 덕은 세상 모든 것을 자기 중심으로 돌게 하는 힘이 있으니, 덕으로 다스리면 힘을 쓰지 않아도 세상 모든 것이 저절로 질서가 잡힌다는 뜻을 담고 있지요."

정약용의 막힘없는 대답에 정조는 남모르게 미소를 지었어요. 그러곤 다른 문제를 몇 가지 더 내 보았지요. 그때마다 정약용은 술술 대답을 했고, 정조의 얼굴은 갈수록 환해졌답니다.

"과연 내가 사람을 잘못 보지 않았어!"

정조는 중얼거렸어요. 그리고 뒷날 정약용을 나랏일에 크게 쓰게 되었답니다.

실제로 정조의 각별한 관심 속에서 자라난 규장각 관리들과 초계문신들은 뒷날 조선의 정치와 문화를 발전시키는 데 큰 역할을 했어요. 규장각의 각신을 지낸 채제공은 변화된 시대에 맞춘 개혁 정책을 펴 백성들의 고통을 덜어 주었고, 박제가를 비롯한 검서관들은 과학과 상공업을 발달시켜야 나라가 발전한다는 주장을 펼쳐 농업만을 중요하게 여기던 조선 사회에 큰 충격을 주었지요. 또한 정약용을 비롯한 초계문신 출신의 학자들은 정조의 개혁 정책을 떠받치면서 백성들을 위한 세상을 여는 일에 큰 힘을 보탰답니다.

 정조와 실학

정조는 학문이란 모름지기 백성들의 삶에 도움이 되어야 한다고 믿었어요. 또 어떠한 학문이든 잘 이용하면 나라에 도움이 된다고 생각하고 여러 학문을 받아들여, 성리학(중국의 주자가 일으킨 유학의 한 갈래)만 옳다고 믿던 선비들의 눈과 귀를 틔워 주려고 노력했답니다.

《열하일기》중〈도강록〉

그래서일까요? 정조 시대는 우리 역사에서 학문이 가장 발달한 시기로 손꼽히고 있어요. 특히 백성들의 실제 생활에 도움이 되는 실학이 꽃을 피운 시기로 유명하답니다.

실학자들은 말만 번드르르한 공허한 학문을 반대하고 사실을 바탕으로 진리를 찾으려고 노력했어요. 그 과정에서 어떻게 하면 세상을 좀 더 살기 좋은 곳으로 만들 수 있는지, 어떻게 하면 백성들의 형편을 나아지게 할 수 있는지 연구하게 되었지요.

권철신, 이벽, 정약용과 같은 실학자들은 토지 제도를 비롯한 농업 전반을 개혁해야 백성들의 살림이 나아진다고 믿고, 농업 개혁의 방법을 연구했어요.

　한편 홍대용, 박지원, 박제가와 같은 실학자들은 상업과 수공업을 발전시켜야 나라가 부강해지고 백성들이 부유해진다고 주장했고요. 이들은 청나라를 오랑캐라 부르며 얕잡아 보던 태도를 버리고 청나라의 발달된 문물을 받아들여야 한다고 주장해서 '북학파'라고 일컬어지기도 했어요.

　실학자들은 이 밖에도 정치, 경제, 교육, 국방 등 조선 사회의 모든 분야에 걸쳐 개혁을 부르짖으며, 낡은 생각과 도덕, 관습 등을 깨뜨려 나가는 데 앞장섰답니다.

노비와 서얼도 나의 백성이다

조선 시대 사람들은 법과 제도 앞에 모두가 평등하지 못했어요. 날 때부터 양반, 중인, 상민, 천민으로 신분이 나뉘었고, 신분에 따라 각기 다른 대우를 받으며 살았지요.

지배 계급이던 양반은 높은 벼슬이나 넓은 땅을 가지고 떵떵거리면서, 군대에 가지 않고 갖가지 세금을 면제 받는 특권을 누렸어요. 중간 계급이던 중인은 관청에서 양반을 도와 하급 관리로 일하거나 기술자로 일하며 재산을 불렸고요.

상민은 농민과 수공자, 상인 등 일반 백성을 가리키던 계급이에요. 세금을 내고 군대에 가는 등 나라를 유지하는 데 필요한 임무를 대부분 담당해야 했지만, 가난해서 교육을 받지 못했고 벼슬길도 거의 막혀 있었지요.

천민은 가장 비천하게 여겨지던 계급이었어요. 노비와 광대, 백정, 무당 등이 이 계급에 속했는데, 이들은 재주가 아무리 뛰어나도 벼슬자리를 얻지 못했어요. 벼슬은커녕 먹고사는 일조차 스스로 결정할 수 없었지요. 천민 가운데 가장 많은 수를 차지하던 노비들은 개인이나 관아에 소속되어 재산처럼 사고팔렸고, 주인의 노여움을 사면 재판도 없이 죽임을 당하기까지 했답니다.

그래서일까요? 양반의 수가 눈에 띄게 늘어나기 시작할 무렵에 노비의 수는 거꾸로 눈에 띄게 줄어들었어요. 관아에 소속된 노비도, 개인에게 소속된 노비도 틈만 나면 자유를 찾아 달아났거든요. 이에 양반들은 달아난 노비들을 잡아 달라고 아우성을 쳤고, 포졸들은 도둑을 잡아야 할 시간에 달아난 노비들을 잡으러 다니느라 정신이 없었지요.

그래도 노비의 수는 좀처럼 늘지 않았어요. 달아난 노비를 애써 잡아들여도 더 많은 노비들이 달아나고 있었거든요. 그 결과, 조선 초기에 인구의 40퍼센트에 이르던 노비는 정조 시대가 되자 10퍼센트도 안 될 만큼 줄고 말았어요.

정조는 생각했어요.

'노비 문제는 달아난 노비들을 잡아들인다고 해서 해결되는 것이 아니다. 가축처럼 사고팔리고, 죽고 사는 일조차 마음대로 결정할 수 없는 삶을 견딜 수 있는 인간이 과연 어디 있겠는가? 그러니 문제는 노비 제도 자체에 있다. 인간이 인간답게 사는 것을 가로막는 노비 제도를 뿌리 뽑지 않는 한, 노비 문제는 영원히 해결되지 않는다.'

결국 정조는 달아난 노비들을 잡아들이는 일을 중지하라는 명령을 내렸답니다.

그러자 양반들이 들고 일어났어요.

"노비가 없으면 집안일은 누구한테 시키고, 농사일은 누구한테 시키란 말입니까? 노비가 없어서 양반들이 모두 굶어 죽어야 속이 시원하시겠습니까?"

"신분 질서는 나라를 떠받치는 기둥과 같습니다. 가뜩이나 신분 질서가 흔들려 나라가 어지러운데, 전하께서 신분 질서를 무너뜨리는 데 앞장서시다니요!"

조정에는 반대 상소가 빗발쳤어요.

하지만 정조는 뜻을 굽히지 않았어요.

"노비도 이 나라의 백성이오. 과인더러 내 백성들이 짐승처럼 사고팔리는 것을 보고만 있으란 말이오?"

그러고 나서 정조는 조정 대신들에게 관아의 노비들이라도 풀어 줄 방법을 연구해 오라고 다그쳤어요.

대신들도 정조의 명을 고분고분 듣지 않았어요.

"노비들이 없으면 관아의 허드렛일을 누가 하고, 관아를 유지하는 데 필요한 경비는 누가 대겠습니까? 400년 동안 계속되어 온 제도를 하루아침에 바꾸면 큰 혼란이 올 수 있습니다."

대신들이 걱정하자, 정조가 답답하다는 듯 말했어요.

"노비가 풀려나 상민이 되면, 상민으로서 내야 할 세금을 내지 않겠소? 관아의 일은 그 돈으로 사람을 사서 하면 될 터인데, 무슨 걱정이오? 더구나 그렇게 하면 나라의 수입이 늘어 백성들에게 돌아가는 세금 부담이 줄어들 것이오. 또 관아에서 가난한 백성들을 품삯을 주고 부리면 백성들의 살림도 펴지지 않겠소? 한데 어찌하여 그대들은 안 된다고만 하시오? 아무리 오래된 제도라도 잘못되었으면 고쳐 나가야 나라가 발전하지 않겠소?"

정조는 대신들을 끊임없이 설득했어요. 부모 없는 고아나 빚을 갚지 못한 농민을 잡아들여 노비로 삼는 관행을 뿌리 뽑기 위해,

노비 명단을 정리한 책을 직접 살펴보며 노비의 실태를 파악하기도 했답니다.

정조의 이러한 노력에 힘입어 1801년에 마침내 관아에 소속된 노비들은 모두 풀려나게 되었어요. 우리 역사가 시작된 이래 처음으로 노비가 자유를 얻는, 엄청난 사건이 일어난 거예요.

같은 이유에서 정조는 서얼의 처지도 몹시 안타깝게 여겼어요. 서얼이란 양반의 첩(본부인 외에 혼인하지 않고 데리고 사는 여자)한테서 난 자식과 그 자손들을 말해요. 양반의 자손이지만 어머니의 신분이 천하다는 이유로 대대로 차별을 받았지요. 집 안에서는 아버지를 아버지라 부르지 못하고 '대감'이나 '나리'라고 불러야 했고, 밖에서는 재주가 아무리 뛰어나도 높은 벼슬자리에 앉지 못했지요.

'왕실에서도 왕비에게 아들이 없으면 후궁의 몸에서 난 아들이 대를 이어 임금이 된다. 그런데 양반은 왕보다 높은 계급이란 말인가? 어찌 첩의 몸에서 났다는 이유로 사람을 사람으로 대접하지 않을 수 있단 말인가?'

정조는 생각했어요. 그러고는 대신들에게 서얼의 처우를 개선할 방법을 마련하라고 일렀어요.

"서얼도 나의 백성들이다. 내가 자리를 찾아 주지 않아 그들이 뜻을 펴지 못한다면, 이 어찌 나의 허물이 아니겠는가?"

사실 정조는 제도가 마련되기 전부터 서얼에 대한 차별을 없애는 데 앞장서 왔어요. 정조의 총애를 받으며 규장각에서 일하던 박제가, 유득공, 이덕무 등이 모두 서얼 출신이었거든요.

하지만 양반들은 좀처럼 차별의 벽을 부수려고 하지 않았어요. 지방의 향교에서 서얼 출신을 양반 명단에 올려 주지 않은 것은 물론이고, 최고 교육 기관인 성균관에서도 서얼들은 양반 출신 선비들과 따로 앉는 차별을 받아야 했답니다.

이 사실을 알고 정조는 성균관 책임자를 불러 호통을 쳤어요.

"성균관에 들어가면 왕실의 자손들도 양반 자제들과 뒤섞여 앉게 되어 있소. 그런데 서얼은 섞여 앉지 못하게 하다니, 양반은 왕족보다 높은 계급이란 말이오? 집안에서 차별하는 것이야 어쩔 수 없다손 치더라도, 나라의 최고 교육 기관이라는 곳에서 잘못된 관행을 뿌리 뽑지 않으니 이 무슨 해괴한 짓이란 말이오?"

이렇게 해서 1791년에 서얼들은 성균관이 생긴 이래 처음으로 양반 선비들과 뒤섞여 앉을 수 있는 권리를 얻게 되었답니다.

서얼들은 얼싸안고 눈물을 흘렸어요.

"드디어 우리도 사람 대접을 받으며 살 수 있게 되었어!"

전에 없는 봄 가뭄에 시달리던 한양에서는 이 조치가 내려진 지 이틀 만에 단비가 흠뻑 내렸어요. 서얼들은 이 단비를 '서치우(序齒雨)'라고 불렀답니다. '임금의 인정에 감동해 내린 비'라는 뜻이었지요.

 죄인에게도 인권은 있다

    옛날에 큰 죄를 지은 죄수들은 감옥 안에서 목에 형틀을 쓰고 있어야 했답니다. 형틀을 쓰면 일어서서 움직이기 어려울 뿐 아니라 밤에 누워서 잘 수도 없었지요.

    정조는 이미 옥에 갇힌 죄수에게 움직이지 못하게 하는 벌까지 내리는 것은 지나치다고 생각했어요. 그래서 감옥에 갇힌 죄수의 목에 형틀을 씌우는 것을 금지했지요.

    또한 정조는 관아에서 죄수에게 함부로 형벌을 가하지 못하게 하려고 곤장이나 쇠줄 같은 형벌 도구의 규격을 꼼꼼히 정해서 관아마다 내려 보냈어요. 그리고 규격에 맞지 않는 형벌 도구는 모두 거둬들이게 했답니다. 수령들이 부임지로 내려가기 전에 인사를 하러 오면 정조는 형벌 도구를 바르게 쓰라고 당부하고, 어사를 내려 보내 수령들이 잘 지키는지 살펴보았어요.

    조선 시대에는 남편이 죄를 지으면 그 아내와 자식들에게도 벌을 주는 규정이 있었답니다. 정조는 이 부당한 규정을 고쳐 죄수 가족의 인권도 지켜 주었지요. 이 밖에 죄를 짓고 귀양을 가는 사람의 경우, 귀양살이를 좀 더 편히 할 수 있도록 귀양지에 가족이 따라가는 것도 허용해 주었답니다.

억울한 일을 당한 자는
누구든 와서 알려라

정조는 '임금은 백성을 위해 있는 사람'이라고 믿었어요. 그리고 백성들에게 가까이 다가가려고 끊임없이 노력했지요. 격쟁을 되살린 까닭도 여기에 있었어요.

'격쟁'이란 임금이 대궐 밖으로 행차할 때 백성들이 징이나 꽹과리를 쳐서 눈길을 끈 뒤 억울함을 하소연하던 것을 말해요. 격쟁을 하면 임금의 행차를 막았다는 이유로 형조에 끌려가 곤장을 맞아야 했어요. 하지만 그 뒤에는 억울한 사연을 하소연할 기회를 얻었고, 그 내용은 사흘 안에 빠짐없이 임금에게 보고가 되었어요. 그래서 글을 모르는 백성들은 억울한 일을 당하면 격쟁을 이용했답니다.

하지만 관리들은 격쟁을 좋아하지 않았어요. 격쟁을 허용하면 임금이 백성들의 생생한 목소리를 직접 듣게 되므로 중간에 있는 자신들의 잘못이 들추어질 위험이 컸기 때문이지요. 결국 관리들의 반발에 밀려 격쟁은 영조 시대인 1771년에 금지되고 말았어요.

정조는 임금이 되자마자 이 문제를 바로잡았어요.

"과인이 알기로, 지난 임금께서는 대궐 안에서 격쟁하는 것만 금지하셨다고 들었소. 그런데 요즈음에는 대궐 밖에서 격쟁하는 것도 금지하고 격쟁하는 자를 잡아 가두기까지 한다니, 어찌 된 일이오? 앞으로는 격쟁을 허락하되, 대궐 안에서는 북이 있으니 북을 치게 하고 대궐 밖에서는 징을 치게 하시오. 또 격쟁이 들어오면 관례대로 형조에서 조사한 뒤 과인에게 반드시 보고하도록 하시오."

격쟁을 전면적으로 되살린 거예요. 그뿐인가요? 정조 시대 이전까지 격쟁은 자손이 조상을 위해 하는 것, 아내가 남편을 위해 하는 것, 아우가 형을 위해 하는 것, 노비가 주인을 위해 하는 것 등 네 가지로 제한되어 있었어요. 노비가 주인을 고발한다거나 백성들이 고을 수령을 고발하는 등 아랫사람이 윗사람을 고발하는 것

은 금지되어 있었지요.

그런데 정조는 이러한 제한 사항을 풀어 백성들이 고통을 느끼는 일이라면 무엇이든 임금 앞에 알릴 수 있게 했어요. 그러고는 걸핏하면 궐 밖 나들이에 나서, 백성들이 억울함을 마음껏 하소연할 수 있게 해 주었답니다.

그 결과, 정조의 행차 길은 늘 하소연을 하려고 몰려든 백성들로 시끌벅적했어요. 경기도에 사는 백성도, 멀리 전라도에 사는 백성도 억울한 일만 생기면 몰려와서 징을 울려 댔지요.

"경기도 과천에 사는 백성입니다. 과부인 누이가 봄에 관아에서 환곡(흉년이나 보릿고개에 가난한 백성들에게 빌려 주었다가 가을에 이자를 붙여 돌려받던 곡식)을 꾸어 먹었는데, 흉년이 들어 약속한 날까지 갚지 못했습니다. 그러다가 나라에서 환곡을 탕감해 주기로 했다는 소식을 듣고 좋아했는데, 어찌 된 일인지 얼마 전 고을 아전들이 환곡을 갚지 않았다고 기르던 소와 가마솥까지 싹 가져가 버렸습니다. 부디 이 일을 바로잡아 제 누이의 억울함을 풀어 주십시오."

"전라도 능주에서 온 백성들입니다. 원님을 너무 자주 갈아 치우는 탓에 고을의 힘이 원님을 맞고 보내는 일로 거덜 나고 있습니다. 또 관아에서 원하지도 않는 환곡을 봄에 억지로 떠맡기고는 가을에 비싼 이자를 물려 받아 가는 통에 추수를 해도 집집마다 먹을 곡식이 없습니다. 부디 이 일을 바로잡아 주십시오."

백성들의 하소연은 담당 관리를 통해 꼬박꼬박 정조에게 보고되었어요. 그러면 정조는 밤을 지새우는 한이 있어도 반드시 그 내용을 확인하고 해결책을 내렸지요. 그러고서 사흘이 지나도록 담당 관리들이 문제를 해결하지 않으면, 정조는 서릿발처럼 호통을 쳤어요.

임금이 백성들의 억울함을 풀어 주려고 이렇게 노력하자, 백성들은 정조를 더욱 우러르게 되었어요. 그리고 정조가 어디로 행차한다는 소문이 들리면 길가를 새까맣게 메우며 맞으러 나갔답니다. "어진 임금을 만나 어깨춤이 절로 납니다!" 하며 덩실덩실 춤을 추면서 말이에요.

 상소와 신문고

　조선 시대에 양반들은 나라에 하고 싶은 이야기가 있으면 상소를 올렸어요. 상소는 한문으로 올리게 되어 있고, 나랏일에 관계된 문제만 이야기할 수 있었기 때문에 일반 백성들이 이용하기 어려웠지요.

　글을 모르는 백성들을 위해 나라에서는 대궐 밖 성문 위에 커다란 북을 마련해 두었어요. 이 북을 '신문고'라고 하는데, 억울한 사연이 있는 백성들이 신문고를 치면 담당 관리가 나와 이야기를 듣고 필요하다 싶으면 임금에게 보고했지요.

　그런데 백성들은 사실 신문고를 많이 이용하지 않았답니다. 이용하는 절차가 까다롭고, 하소연할 수 있는 내용에 제한이 많았거든요. 신문고는 각 고을의 관아에 억울함을 호소했는데도 문제가 풀리지 않을 때만 칠 수 있었어요. 게다가 나라를 위태롭게 하는 문제나 불법적인 살인 사건을 제외하고는 하급 관리나 노비가 상관이나 양반 같은 윗사람을 고발할 수 없었거든요. 또한 신문고를 쳐도, 그 내용이 임금에게 보고되지 않는 경우가 대부분이었지요.

　그 탓에 신문고는 생긴 지 100년이 되기도 전에 있으나마나 한 것이 되고 말았어요. 그래서 백성들이 만들어 낸 것이 격쟁이었는데, 격쟁도 정조 시대 이전까지는 아주 까다롭게 운영되거나 제도 자제가 없어지곤 했답니다.

수령이 바로 서야 백성이 편하다

　격쟁이 되살아나자 백성들은 무척 좋아했지만, 관리들은 좋아하지 않았어요. 조정 대신들까지 팔을 걷어붙이고 격쟁을 반대하고 나섰지요.

　"어리석은 백성들이 수령에게 호소해도 될 일을 전하께 직접 알려 소란을 떨고 있습니다. 나라의 기강을 바로잡을 수 있도록 격쟁을 없애고, 격쟁하는 백성들에게 벌을 주십시오!"

　정조는 벌컥 화를 냈어요.

　"수령에게 이야기해서 될 일이었으면 백성들이 무엇 하러 먼 길을 달려와 과인의 행차를 가로막겠소? 백성은 나라의 근본이오.

백성의 뜻이 위로 통하는 길을 막아서는 아니 되오."

사실 그 무렵에 정조는 수령 문제로 골머리를 앓고 있었어요.

'수령'이란 관찰사, 목사, 부사, 군수, 현감과 같은 지방 관리들을 말해요. 고을 백성들 사이에 다툼이 일어나면 잘잘못을 가려 주고, 죄를 지은 사람에게 벌을 주며, 세금을 거둬들이고, 적의 침입으로부터 지역을 지키는 등 임금을 대신해 지역을 다스리는 사람이었지요.

그런데 교통과 통신이 발달하지 않았던 조선 시대에는 임금 모르게 백성들을 괴롭히는 수령이 무척 많았답니다. 이런 수령들을 '탐관오리'라고 하는데, 탐관오리들은 옳지 못한 방법으로 백성의 재물을 빼앗기 일쑤였어요.

흉년이 들어 나라에서 백성들에게 세금이나 환곡의 이자를 탕감해 주기로 해도, 탐관오리들은 세금과 환곡 이자를 전처럼 거둬들여 중간에서 가로채곤 했답니다. 이 사실을 알고 백성들이 항의를 하면, 탐관오리들은 도리어 백성들을 감옥에 가두고 곤장을 쳤어요.

'임금이 아무리 잘하려고 해도, 수령들이 중간에서 뜻을 받들지 않으면 소용이 없다. 그런데 수령의 잘못을 바로잡아 달라는 목소

리가 이리 높으니, 이 일을 어찌해야 좋단 말인가?'

수령 문제만 생각하면 정조는 마음이 답답했어요. 수령은 잘못을 저질러 백성들의 원성을 사기도 했지만, 맡은 일을 잘하려다 벌을 받을 때도 많았거든요. 지방 양반들이 한양의 권세 있는 집안에 줄을 대고 있었던 탓에, 지방 양반의 잘못을 바로잡으려고 나선 수령들이 걸핏하면 누명을 쓰고 벼슬을 떼이곤 했던 거예요.

수령이 자주 바뀌다 보니 아전들은 수령을 얕잡아 보고 내놓고 비리를 저지르기 시작했어요. 그러면 수령은 다시 아전의 비리를 책임지고 쫓겨나는 등 악순환이 계속되었지요.

아래로는 백성들과 아전들에게 치이고 위로는 양반들과 권세가들에게 치이다 보니, 수령들은 기가 꺾일 대로 꺾여 있었어요. 관리들 사이에는 지방 수령으로 내려가는 것을 꺼리는 분위기까지 생겨났고요.

궁리 끝에 정조는 파격적인 인사를 펼쳤어요. 승지나 각신, 초계문신 등 평소 곁에 두고 아끼던 신하들을 수령으로 내려 보내 지방 사정을 알아보고 본보기를 세우게 한 거예요. 수령들을 바로 세우려면 무조건 벌을 주기보다 따라 배울 본보기를 보여 줘야 한다고 생각했거든요.

  정조는 수령들의 사기를 높이는 일에도 노력을 아끼지 않았답니다. 수령이 자기 고을을 소신껏 다스릴 수 있도록 임기를 15개월로 보장해 주고, 수령이 부임지로 내려가기 전에 인사를 하러 오면 아무리 바쁜 일이 있어도 따로 만나 격려하고 백성들을 잘 보살펴 달라고 당부했지요.

  또 수령들이 지방 양반들의 비리와 백성들의 고충을 적어 올리면, 정조는 그 글을 다른 사람의 손을 거치지 않고 손수 챙겨 읽었

어요. 행여 이야기가 새어 나가면 수령들이 앙갚음을 당할 수도 있었거든요.

정조는 이렇게 수령들이 소신껏 일할 수 있는 분위기를 갖추어 주면서 한편으로 수령을 감시하는 일도 소홀히 하지 않았어요. 암행어사를 끊임없이 내려 보내 수령들이 일을 잘하는지, 혹시 백성들을 괴롭히는 수령이 있지는 않은지 살펴보았지요.

사실 정조는 그 어떤 임금보다 암행어사를 많이 내려 보냈답니다. 또 암행어사가 한 지역만 감시하고 살피던 제도를 바꾸어 목적지로 가면서 들르는 모든 지역을 감시하고 살피게 하는가 하면, 이미 암행어사가 파견되어 있는 곳에 또 다른 암행어사를 파견해 암행어사끼리도 서로 감시할 수 있도록 했어요. 탐관오리 때문에 백성들이 고통을 겪지 않도록 암행어사 제도를 이중 삼중으로 강화해 놓은 거예요.

 암행어사는 어떻게 일했을까?

암행어사가 되면 비밀리에 임금으로부터 봉투 하나를 받았어요. 이 봉투에는 '남대문 밖에서 뜯어 볼 것'과 같은 말이 적혀 있었고, 안에는 '누구를 어느 지방의 암행어사로 삼는다'는 말이 적힌 임명장이 들어 있었지요.

암행어사는 이 임명장과 함께 마패와 유척을 받았어요. 조선 시대에는 큰길마다 역이라는 관청이 있었는데, 역에 가서 마패를 보이면 암행어사는 말과 군사를 쓸 수 있었지요. 유척은 놋쇠로 만든 자를 말하는데, 관아에서 백성들에게 곡식이나 면포를 걷으며 규격에 맞는 자를 사용하는지 확인할 때 쓰는 것이었어요.

암행어사는 신분을 감춘 채 고을 사정을 알아보고 다니다가, 필요하면 부하나 역졸(역에 딸린 군사)의 손에 마패를 들려 보이고 관아로 들어갔어요. 그러고는 관아의 문서들을 살펴보고, 창고를 조

마패
암행어사는 마패에 새겨진 말의 수만큼 역에서 말을 빌릴 수 있었어요.

사하며, 옥에 갇힌 죄수들을 끌어내 억울하게 갇힌 사람이 없는지 알아보았지요.

수령의 잘못이 밝혀지면, 암행어사는 문서나 물품을 압수한 뒤 관찰사(지금의 도지사와 같은 직책)나 임금에게 보고했어요. 수령이 매우 큰 잘못을 저질렀거나 시일을 다투는 급한 일이 일어났을 때는 암행어사가 직접 수령을 관직에서 내쫓고 나중에 임금에게 보고하기도 했답니다.

임무를 마친 암행어사는 '서계'와 '별단'이라는 두 가지 보고서를 써서 임금에게 올렸어요. 서계는 수령의 잘잘못을 구체적으로 기록한 보고서이고, 별단은 백성들의 사정과 형편, 효자와 열녀 등의 이야기를 적은 보고서였지요. 임금은 서계와 별단을 보고 암행어사가 잘못한 일은 바로잡고 잘한 일에는 상을 주었답니다.

백성들을 위한 경제 개혁, 신해통공

"계란 사세요, 계란! 신선한 계란을 싸게 팔아요!"

"붕어 사세요, 붕어! 한강에서 갓 잡아 올린 펄떡펄떡 뛰는 붕어 사세요!"

1788년, 도성 밖 마포 나루에서는 난전이 시끌벅적하게 벌어졌어요. 산나물을 뜯어서 내다 파는 아주머니도 있고, 손수 잡은 물고기를 내다 파는 아저씨도 있었어요. 집에서 짚신을 삼아서 내다 파는 이도 있고, 공장에서 옹기를 만들어 내다 파는 사람도 있었지요. 난전은 장사치들이 손님을 불러 모으는 목소리와 물건 값을 깎으려고 흥정하는 사람들의 목소리로 활기가 넘쳐 흘렀어요.

그런데 갑자기 다급한 목소리가 들려왔어요.

"시전 상인들이 나타났다! 피해라!"

상인들은 기겁을 하고 짐을 싸기 시작했어요. 하지만 시전 상인들은 벌써 몽둥이를 든 사내들을 앞세우고 나타나 난전의 물건들을 마구잡이로 빼앗고 짓밟고 부수기 시작했어요. 길바닥에 멍석을 깔고 물건을 팔던 가난하고 힘없는 행상들은 당하는 수밖에 없었지요.

"안 돼요! 병든 우리 아이 약을 사려고 갖고 나온 계란이에요!"

한 아주머니가 사내들이 빼앗으려는 계란 꾸러미를 감싸 안으며 울부짖었어요.

"아니, 이 여편네가!"

시전 상인이 몰고 온 사내들은 아주머니를 발로 차고 계란 꾸러미를 빼앗아 땅바닥에 패대기쳤어요. 아주머니는 깨진 계란 앞에서 원통해서 울어 대고, 시장 바닥은 이내 아수라장이 되었지요.

시전 상인들이 휩쓸고 간 자리는 마치 전쟁이 일어났던 곳처럼, 깨지고 부서지고 뭉개진 물건들과 허망하게 앉아 있는 가난한 상인들로 가득했어요. 길에서 장사를 했다는 이유만으로 봉변을 당한 사람들. 하지만 이들은 억울함을 호소할 데가 없었어요. 시전

상인들은 난전을 막을 수 있는 권한을 나라로부터 받았거든요.
사실 조선 시대에 도성인 한양에서는 아무나 장사를 할 수 없었어요. 나라에 세금을 내는 시전 상인들만 허가를 받고 장사를 할 수 있었지요. 그런데 조선 후기로 접어들어 산업이 발달하자

도성 안팎에서 허가 없이 장사를 하는 사람이 늘어났어요. 그 중에는 농촌에 남아도는 농산물을 대량으로 사다가 내다 파는 상인들도 있고, 직접 기른 농작물을 들고 나오는 농민들도 있었어요. 짚신이나 멍석 등 집에서 만든 물건을 들고 나오는 가난한 백성들도 있었고요.

이렇게 허가 없이 장사를 하는 사람들을 통틀어 '난전'이라고 해요. 난전이 자꾸 늘어나자, 시전 상인들은 조정에 항의를 했어요. 그리고 나라로부터 난전을 단속할 권한을 얻어 냈지요. 이것을 '금난전권'이라고 하는데, 금난전권은 가난한 백성들에게 큰 고통을 주었어요. 말이 단속이지, 금난전권을 구실로 시전 상인들은 난전 상인들을 두드려 패고 물건을 깨부수거나 빼앗아 가기 일쑤였거든요.

장사를 크게 하는 사람들은 힘센 사내들을 사서 시전 상인들의 폭력에 맞섰어요. 하지만 먹고살기 힘들어 손수 지은 농작물을 갖고 나오거나 집에서 만든 물건을 들고 나온 가난한 백성들은 시전 상인들의 폭력을 몸으로 견디는 수밖에 없었어요.

시전 상인들은 자기들만 물건을 팔 수 있다는 특권을 이용해 물건 값을 마음대로 올리기도 했답니다. 또 물건을 파는 사람이 제한되어 있었기 때문에 추석이나 설 같은 때가 되면 도성 안에 물건이 귀해져서 쌀이고 과일이고 도무지 구경조차 할 수 없는 지경이 되었지요.

바로 이 무렵에 정조는 남인의 채제공을 정승 자리에 앉혔어요. '정승'이란 조정의 가장 높은 벼슬인 영의정과 좌의정, 우의정을 말하는데, 남인이 정승이 된 것은 엄청난 일이었어요. 남인은 장희빈과 함께 몰락한 뒤 영조가 죽기 전까지 80여 년 동안 조정에 발을 붙이지 못했거든요. 이러한 남인이 마침내 정승 자리에까지 올랐으니, 이것은 정조가 그동안 힘을 기울여 온 탕평책의 성과라고도 할 수 있었지요.

채제공이 정승이 된 것은 실제로도 큰 의미를 지니고 있었어요. 남인들은 당쟁에 밀려 오랫동안 벼슬길에 나서지 못하고 고향에서 백성들과 함께 농사를 지으며 살았어요. 그런 만큼 백성들의 현실을 잘 알고 있었고, 노론 중심의 조정에 대해 비판적이고 개혁적이었지요.

채제공은 이러한 남인을 이끄는 우두머리였어요. 더욱이 영조와 사도 세자의 사이가 좋지 않을 때 노론에 맞서 사도 세자를 보호하려고 애쓴 사람이기도 했지요.

그래서일까요? 노론은 채제공의 정승 임명을 거두어 달라고 조정의 업무가 돌아가지 않을 만큼 상소를 올렸어요. 하지만 정조는 흔들리지 않았어요. 오히려 채제공을 대전으로 불러 이렇게 당부했답니다.

"이 시기에 과인이 왜 그대를 불러들였는지 짐작이 가시오? 아무래도 지금은 열을 열로 다스려야 할 때인가 보오. 부디 과인의 뜻을 헤아려 그에 답하는 길을 찾아 주기 바라오."

'열을 열로 다스리라.'

이 말에는 개혁을 반대하는 노론의 강경파를 강력하게 견제해 달라는 깊은 뜻이 담겨 있었어요. '벽파'라고도 불리던 노론 강경파는 특권층과 이리저리 얽혀, 백성들을 위해 일하려는 정조의 뜻에 사사건건 반기를 들었거든요.

채제공은 정조의 믿음을 저버리지 않았어요. 먼저, 이조전랑의 권한을 줄여 노론에 타격을 입히고, 1790년에는 오랫동안 백성들의 원성을 사던 금난전권을 없애자고 주장했지요.

"도성의 시장 바닥에서 시전 상인들이 가난한 백성들이 들고 나오는 물건을 빼앗고 사람을 패서 내쫓는 등 나쁜 짓을 일삼고 있습니다. 그뿐 아닙니다. 말이나 배로 운반하는 물건부터 백성들이 머리에 이고 손에 들고 나오는 물건까지 턱없이 싼값에 사려고 하다가, 뜻대로 되지 않으면 파는 사람을 난전으로 몰아 관아에 넘깁니다. 그 탓에 물건을 들고 나온 사람들은 밑져도 팔지 않을 수가 없고, 이를 산 시전들은 백성들에게 두 배의 값을 받고 팔아 큰 이익을 남깁니다. 전하, 시전의 폐단이 이렇게 깊으니 더 이상 두고 보아서는 안 됩니다. 부디 금난전권을 없애 가난한 백성들이 억울하게 당하는 일이 없도록 하옵소서!"

채제공의 이야기를 듣고 노론 대신들은 깜짝 놀랐어요. 시전 상인들은 오랫동안 노론 권세가의 땅에서 나는 농산물을 팔아 주고, 노론에 정치 자금도 대주고 있었거든요. 금난전권을 없애면 이러한 시전 상인들이 큰 타격을 입을 수밖에 없었어요. 그러니 결과적으로는 노론도 큰 타격을 입을 수밖에 없었지요.

아니나 다를까, 노론 대신들은 채제공의 주장에 반대를 했어요.

"시전 상인들은 오랫동안 나라에 필요한 물건과 경비를 대 왔습니다. 금난전권을 없애 이러한 시전 상인들이 모두 망해 버리면, 나라 살림에 필요한 물건과 경비를 무슨 수로 대겠습니까? 시전은 생긴 지 수백 년이 되어 이미 그 뿌리가 단단해져 있습니다. 그런데 갑자기 금난전권을 없애면 시전이 모두 망해 나라 살림에 큰

혼란이 오고 말 것입니다."

그러자 정조가 말했어요.

"생긴 지 오래되어 뿌리가 깊은 일이면 무엇이든 지켜야 하는 것이오? 폐단이 많아 백성들의 원성을 사는 문제는 혼란이 따르더라도 고쳐야 나라가 바로서지 않겠소?"

그리고 나서 정조는 이 모든 일이 난전이 많아져서 일어났다면 나랏일에 필요한 물건과 경비도 난전에서 거둬들이면 되지 않겠느냐며 노론 대신들을 설득했어요. 몇몇 시전 상인보다 대다수 백성의 이익을 앞세우는 정조와 채제공에게 노론 대신들은 결국 손을 들 수밖에 없었지요.

마침내 1791년 1월, 조정에서는 육의전(한양 도성 안에서 비단, 무명, 명주, 종이, 모시, 어물을 팔던 여섯 상점으로, 국가 경비를 대는 일에 가장 큰 몫을 담당함)을 제외한 일반 시전이 가진 금난전권을 폐지하고, 육의전에서 취급하는 상품을 제외한 모든 상품을 자유롭게 판매할 수 있다는 정책을 발표했어요. 그리고 모든 백성이 이 사실을 알 수 있도록 각각 한문과 한글로 방문을 적어 사대문과 번화가에 붙이도록 했지요.

백성들은 방문 앞으로 삼삼오오 모여들어 웃음꽃을 피웠어요.

"그렇지! 이제야 세상이 바로 돌아가는구먼!"

"권세가를 믿고 거들먹거리던 시전 상인들이 지금쯤 어떤 얼굴을 하고 있을까? 생각만 해도 고소해요!"

이것이 바로 그 유명한 신해통공이에요. 신해통공이 시행되자, 이제 조선에서는 누구나 물건을 팔아 이익을 얻을 수 있는 자유를 누리게 되었어요. 그러자 물건을 파는 사람이 늘어나서 널뛰듯 하던 물가가 잡혔고, 명절을 앞두고 제사 용품을 구할 길이 없어 백성들이 발을 구르는 일도 없어졌지요.

가난한 백성들은 집에서 만든 물건을 들고 나와 팔 수 있게 되었고, 가난한 상인들은 더 이상 시전 상인들에게 협박당하지 않고 물건을 제값 받고 팔 수 있게 되었어요.

특권을 가진 몇몇 사람만이 누리던 상업 활동의 이익을 모든 백성이 누리게 되면서 정조 시대에는 경제도 크게 발전했어요. 오늘날 동대문과 남대문, 종로 부근에 있는 큰 시장은 모두 신해통공과 함께 생겨나 지금까지 이어지고 있답니다.

 ## 탕평을 가로막던 이조전랑

조선 시대에 관리들은 대개 이조전랑의 추천을 받아 벼슬을 얻었어요. 특히 왕과 국가 정책의 잘잘못을 따지고 벼슬아치를 감시하던 사간원과 사헌부, 홍문관의 관리들은 반드시 이조전랑의 동의를 거쳐 임명이 되었지요.

채제공

이조전랑은 이렇듯 조정의 인사권을 틀어쥐고 있던 벼슬이었어요. 그래서 나라에서는 이조전랑에게 뒤를 이어 이조전랑이 될 사람을 추천할 수 있는 권한을 주었답니다. 다른 벼슬아치들의 눈치를 보지 말고 인사권을 공정하게 행사하라는 뜻이었지요.

그런데 이조전랑의 이러한 권한은 뒷날 당쟁을 심화시키고 탕평책을 가로막는 역할을 하게 되었어요. 영조 시대 이후로 이조전랑 자리를 독차지해 온 노론이 막강한 인사권을 이용해 다른 당파가 조정에 진출하는 것을 막고 자기 당파 사람들만 중요한 관직에 앉혔거든요. 정조가 채제공을 내세워 이조전랑의 권한을 줄인 까닭도 바로 여기에 있었답니다.

진산 사건

    정조는 양반 출신의 선비들뿐 아니라 일반 백성들에게도 탕평의 혜택을 베풀고 싶어 했어요. 노론과 다른 당파 사이의 차별을 없애고 능력이 있는 선비라면 누구에게나 벼슬을 내리려고 노력한 것처럼, 양반과 일반 백성들 사이의 차별도 줄이려고 했지요. 노비 제도를 없애려고 애쓰고, 격쟁과 암행어사 제도를 강화했으며, 신해통공 정책을 편 것도 모두 이러한 바탕 위에서 나온 것이었어요.

    그런데 탕평책으로 가뜩이나 설 자리가 줄어든 마당에 신해통공으로 돈줄까지 막히자, 노론은 몹시 긴장했어요.

"아무래도 돌아가는 판이 좋지가 않소. 우리 노론을 버리려는 뜻이 아니고서야 어찌 전하께서 이러실 수 있단 말이오?"

"남인들이 더 이상 힘을 키우도록 내버려 둘 수 없어요. 채제공이 정승 자리에 올라 한 일이 대체 뭡니까? 노론의 목을 조르는 일밖에 더 했습니까? 남인들을 잘라 내야 전하께서도 우리에게 함부로 하지 못하실 거예요."

위기 앞에서 노론은 단결하기 시작했어요. 그리고 호시탐탐 채제공과 남인들을 꺾을 기회만 엿보았지요.

그러던 1791년 5월, 전라도 진산에서 큰 사건이 일어났어요. 윤지충이라는 선비가 어머니를 여의었는데, 제사를 지내지 않고 신주(죽은 사람의 이름을 적은 나무 패)를 불사른 거예요. 윤지충은 천주교를 받아들인 신자였거든요.

조선은 밖에서는 임금에게 충성을 다하고 안에서는 부모에게 효도를 다하는 것을 가장 중요한 덕목으로 여기던 유교 사회였어요. 이러한 사회에서 부모의 제사를 지내지 않고 신주를 불태우는 행동은 받아들여질 수 없었지요. 아니나 다를까, 이 사실이 알려지자 조정에는 윤지충에게 큰 벌을 내려야 한다는 상소가 빗발쳤어요.

'됐다, 이참에 남인을 잡을 수 있겠다!'

노론은 쾌재를 불렀어요. 천주교는 남인의 가장 큰 약점이었거든요. 남인 출신의 젊은 선비들 중에는 윤지충처럼 천주교를 종교로 받아들이거나 학문적으로 연구하는 사람이 많았답니다. 사실 윤지충은 유명한 남인 가문 출신이자 정조가 아끼던 정약용과는 외사촌 사이이기도 했어요.

마침내 노론은 목소리를 높이기 시작했어요.

"천주교는 임금도 모르고 부모도 모르는 사악한 종교입니다. 이 요망한 종교가 백성들을 더 이상 물들이기 전에 천주교를 받아들인 자들을 모두 찾아내 큰 벌을 내려야 합니다."

젊은 남인 선비들 가운데 천주교와 얽히지 않은 사람이 거의 없었으므로, 노론의 이런 주장은 남인들에게 큰 벌을 내리라는 뜻이나 마찬가지였지요.

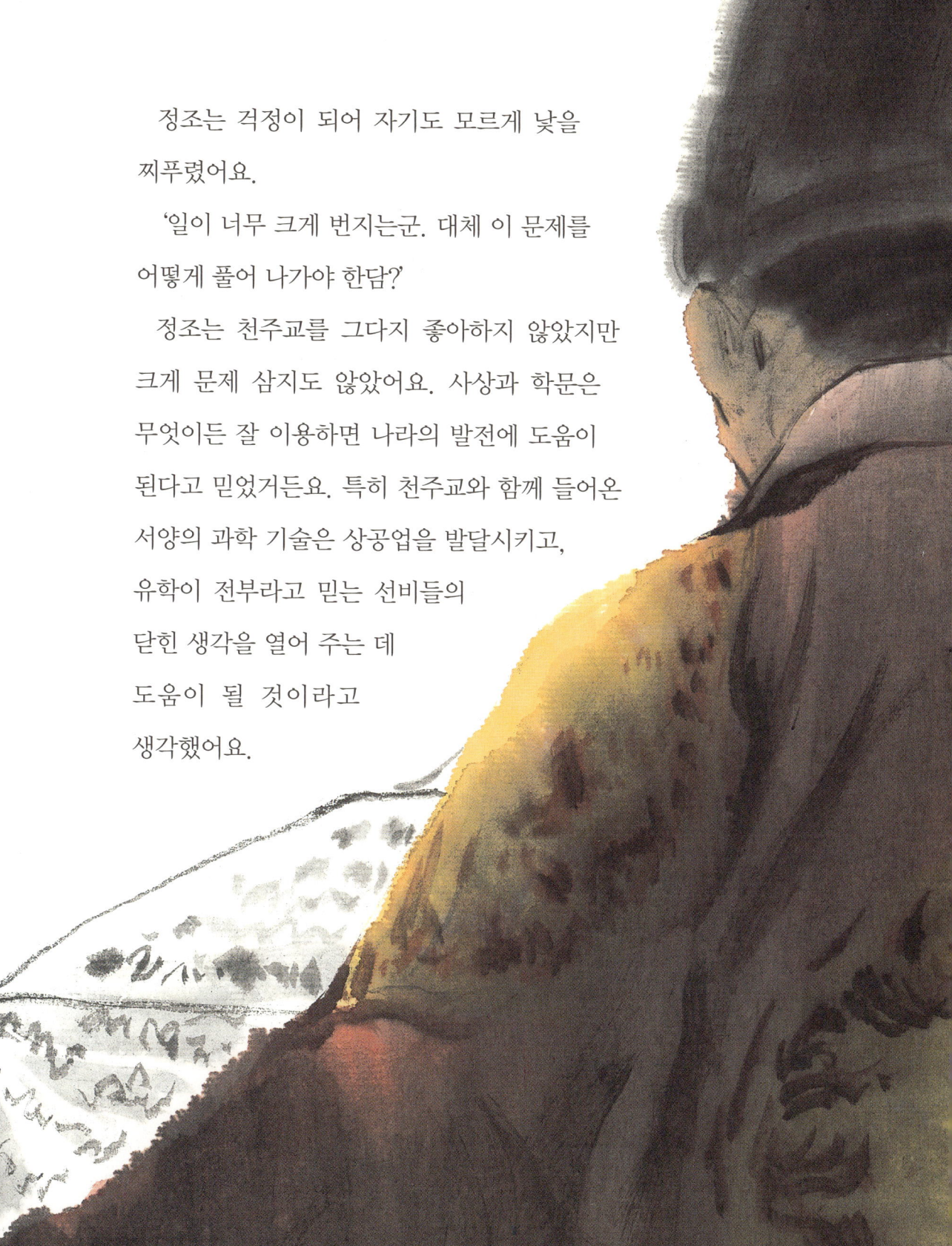

정조는 걱정이 되어 자기도 모르게 낯을 찌푸렸어요.

'일이 너무 크게 번지는군. 대체 이 문제를 어떻게 풀어 나가야 한담?'

정조는 천주교를 그다지 좋아하지 않았지만 크게 문제 삼지도 않았어요. 사상과 학문은 무엇이든 잘 이용하면 나라의 발전에 도움이 된다고 믿었거든요. 특히 천주교와 함께 들어온 서양의 과학 기술은 상공업을 발달시키고, 유학이 전부라고 믿는 선비들의 닫힌 생각을 열어 주는 데 도움이 될 것이라고 생각했어요.

하지만 정조는 나라의 질서를 바로잡아야 할 임금이었어요. 그리고 제사를 지내지 않고 신주를 불태우는 일은 조선 사회의 근본 질서인 유교에 정면으로 맞서는 일이었지요. 결국 정조는 천주교와 관련된 책을 거둬들여 불태우게 하고, 윤지충에게 사형을 명했어요. 하지만 천주교를 믿는다고 고발당한 나머지 남인들의 경우에는 믿지 않는다는 대답만 하면 모두 풀어 주었답니다.

그러자 노론은 벌 떼처럼 일어났어요. 초계문신 출신의 노론 관리들까지 천주교 반대에 앞장섰지요.

"요사이는 시골의 어리석은 농부와 무지한 아낙네까지 천주교 책을 한글로 베껴 읽고 천지신명처럼 받들고 있습니다. 이 요망한 종교를 그냥 두면 장차 이 나라가 어떻게 될지 모릅니다. 확실히 조사하여 관계된 자들을 모두 엄벌에 처해야 합니다!"

정조는 답답해서 화를 냈어요.

"잘못된 사상과 학문은 올바른 학문이 서면 저절로 사라지게 마련이오. 한데 그대들은 어찌하여 올바른 학문을 세우는 일은 게을리 하고 천주교 탓만 하시오?"

그래도 노론의 반발은 수그러들 기미가 보이지 않았어요.

그러자 정조는 말했어요.

"좋소. 이 모든 것이 학문과 사상을 바로 세우고자 하는 그대들의 충정에서 비롯되었다는 말을 받아들이겠소. 한데 그렇게 치자면 이 나라에 그릇된 학문이 어찌 천주학뿐이겠소? 남인들이 천주학에 물들어 바른 학문을 어지럽힌다면, 노론은 패관 문학에 물들어 학문을 어지럽히고 있지 않소?"

'패관 문학'이란 그 무렵에 유행하던 소설이나 수필을 가리키는 말이에요. 성리학이나 유학과 달리, 패관 문학에 나타나는 표현에는 은어나 비어, 시중에 떠도는 뒷이야기나 우스갯소리 등이 많이 들어 있었어요.

특히 젊은 노론 선비들의 존경을 받던 연암 박지원은 이러한 패관 문학의 대가로 이름이 높았어요. 그리고 젊은 노론 선비들 사이에 박지원의 대담하고 풍자적인 문체를 흉내 내는 것이 크게 유행했지요.

정조는 이러한 사실을 놓치지 않았어요. 글에는 정신이 담겨 있는 법인데 속된 문체는 사람의 마음을 어지럽히니 청나라에서 패관 문학을 들여오는 것을 금하라 명령했어요. 성균관 학생들의 답안지를 검사해 패관 문학의 문체로 글을 쓴 학생을 가려내 벌을 주었고, 속된 문체로 글을 썼다는 이유로 박지원에게도 반성문을 써내라고 했어요.

사실 이것은 문학의 발전을 가로막는 정책이자, 학문의 자유를 존중하던 정조의 뜻에 어긋나는 정책이기도 했어요. 하지만 정조는 이 정책을 끝까지 밀어붙였어요. 노론의 공격으로부터 남인을 지키고 개혁 정책을 계속 펴 나가려면 이렇게 해서라도 노론의 기를 꺾을 수밖에 없었거든요.

아니나 다를까, 정조가 이렇듯 패관 문학의 폐해를 바로잡겠다고 나서자 천주교를 구실로 남인을 싸잡아 비판하던 노론의 목소리는 잠잠해졌답니다.

북학파를 이끈 연암 박지원

　박지원은 1737년 한양의 뼈대 있는 노론 가문에서 태어났어요. 일찍이 부모님을 여의고 할아버지 밑에서 응석받이로 자란 탓에 장가를 들 때까지도 글을 깨우치지 못했답니다.

　답답해하는 장인의 성화에 못 이겨 글공부를 시작한 박지원은 얼마 못 가 천재 소리를 들을 만큼 학문에 밝아지게 되었어요. 하지만 박지원은 벼슬길을 포기하고 백성들과 어울려 지내며 조선 사회의 문제점과 그 문제를 고쳐 나갈 방법을 궁리했지요.

　그러던 1780년, 박지원은 사신으로 가는 사촌 형을 따라 청나라에 갔다가 요동, 열하 등 여러 도시를 둘러보게 되었어요. 이때 박지원은 체면보다는 실속을 중요하게 여기는 청나라 사람들의 생활 모습을 보고 깜짝 놀랐어요. 고국으로 돌아온 박지원은 《열하일기》라는 기행문을 펴냈어요. 청나라의 문화를 소개하고 조선의 정치, 경제, 사회, 문화 등을 비판하는 《열하일기》는 그 무렵에 젊은 선비들에게 큰 영향을 미쳤어요.

　박지원은 글재주가 뛰어나서 소설도 많이 발표했어요. 특히 《허생전》과 《양반전》처럼 양반들의 잘못된 생각과 행동을 꼬집는, 풍자와 해학이 넘치는 글을 즐겨 썼지요. 박지원의 이 글들은 젊은 선비들에게는 큰 인기를 끌었어요. 하지만 정통 문학에 도전하고 질서를 어지럽히는 패관 문학으로 지목되어 정조로부터 호된 비판을 받았답니다.

개혁의 터전, 수원 화성을 지어라!

'그동안 내가 한 일이 무엇이란 말인가?'

진산 사건을 처리하며 정조는 몹시 씁쓸했어요. 정조가 원하는 진정한 탕평은 당파나 가문, 지역, 신분에 얽매이지 않고 모든 백성이 편안하게 살 수 있는 세상을 만드는 것이었어요.

그러자면 돈이 많고 권세 있는 사람들에게만 유리하게 되어 있는 법과 제도를 고쳐, 모든 백성이 재주껏 일하고 일한 만큼 보상을 받을 수 있게 해 주어야 했지요. 하지만 관리들은 너무나 준비가 되어 있지 않았어요. 조정의 다수파를 이루는 노론은 권세를 영원히 누리기 위해 사사건건 정조의 정책에 반기를 들었고, 개

혁적인 남인들은 노론에 맞서기에는 아직 수가 적고 나이가 어렸어요.

'어떻게 해야 할까?'

정조는 고민에 빠졌어요. 그러다가 아주 큰 결단을 내렸답니다. 아버지 사도 세자의 무덤이 있는 수원 화산에 행궁을 짓고 큰 성을 쌓기로 한 거예요.

겉으로는 아버지의 무덤을 좀 더 가까이 두고 보살피고 싶다는 이유를 내세웠지만, 여기에는 아주 깊은 뜻이 숨어 있었어요.

그 무렵 한양은 노론을 비롯해 오랫동안 권세를 누려 온 양반들이 모여 사는 곳이었어요. 또 이러한 권문세가에 줄을 대고 갖가지 사업에서 부당하게 이익을 챙겨 온 상인들이 모여 있는 곳이기도 했지요.

정조는 이러한 특권층이 모여 있는 한양에서 벗어나, 새로운 곳에서 백성들을 위한 새 정치를 마음껏 펼쳐 보고 싶었어요. 그리고 마침내 아버지의 무덤이 있는 수원에 새 정치의 보금자리를 마련하기로 마음먹었지요.

사도 세자의 권위를 세우는 일은 임금인 자신의 권위를 세우는 일이면서, 아울러 사도 세자의 죽음에 직접적인 책임이 있는 노론의 기세를 꺾는 일이기도 했으니까요.

　이렇게 해서 1794년 2월, 수원 화산에서는 새 성을 쌓는 공사가 시작되었어요. 바로 이 성이 우리가 잘 아는 화성이에요.

　화성의 공사장에는 신기하게도 꾀를 부리거나 게으름을 피우는

인부들이 없었어요. 인부들 모두 자기 집이라도 짓는 양 구슬땀을 흘리며 부지런히 일했지요. 그때까지 나라에서 큰 공사를 벌일 때면 백성들을 강제로 부려 먹어 원성을 샀지만, 정조는 그러지 않았거든요. 백성을 위한 새 정치를 펼치기 위해 짓는 성인 만큼 성을 쌓는 과정도 백성들에게 도움이 되어야 한다고 믿고, 인부들에게 일한 만큼 품삯을 챙겨 주었던 거예요.

화성의 공사장에서는 인부들의 안전을 지켜 주고 일손을 덜어 줄 기계도 많이 사용되었어요. 특히 거중기는 인부 한 사람이 자기 무게의 서너 배나 나가는 돌을 들어 올리게 해 주는 놀라운 기계였지요. 아주 무거운 돌덩이도 거중기를 쓰면 쉽게 들어 올릴 수 있었답니다.

화성은 설계도 더없이 훌륭했어요. 성벽에 쓰일 돌의 개수는 물론이고 건물 지붕의 서까래 수까지 정확하게 계산해 낸 과학적인 설계 덕분에, 건물을 다 지어 놓고 치수가 맞지 않아 무너뜨리고 다시 짓는 일이 없었어요.

흥이 나서 일하는 인부들과 일손을 도와주는 갖가지 기계들, 과학적인 설계 덕분에 화성은 예정보다 훨씬 빨리 완성되었어요. 10년을 계획하여 짓기 시작한 성이 공사를 시작한 지 2년 6개월 여만인 1796년 9월에 완성되었지요.

팔달산을 따라 쌓은 둘레 5520미터의 성곽과, 성곽의 동서남북에 우뚝 솟아 있는 네 개의 큰 성문, 성곽 안에 아담하게 자리 잡은 궁전들과 성벽 곳곳에 갖추어진 갖가지 방어 시설……. 마침내 모습을 드러낸 화성은 웅장하고 아름답기 그지없었어요.

화성의 아름다움은 겉모습에만 있지 않았어요. 정조는 농업 발전에서 시작된 상공업 발전의 흐름을 잘 이끌어야 백성의 살림이 펴고 나라가 부강해진다고 생각했어요.

이러한 생각을 바탕으로 정조는 화성에 인구 10만 명이 들어와서 살 수 있는 시설을 갖추고 동서남북의 네 성문을 연결하는 십자로를 닦게 했지요. 그리고 십자로를 축으로 시장과 점포를 세우고 주변 상인들이 들어와서 곡식, 어물, 옷감, 놋제품, 철제품, 종이, 신발 등을 팔게 했답니다. 이곳을 국제적인 시장으로 키우기 위해 인삼과 모자 등 수출품을 거래할 상인들을 불러 모으기도 했어요.

그때까지만 해도 우리나라 사람들은 대개 농사를 지으며 살았어요. 정조는 새 도시가 농업의 발전도 이끌 수 있어야 한다고 믿었어요. 그래서 화성에 만석거, 만년제, 축만제 같은 커다란 저수지를 만들고, 수문과 제방 등 물을 다스릴 시설을 갖추었으며, 주인 없이 버려져 있던 황무지를 갈아 나라에서 운영하는 시범 농장을 만들었지요.

정조는 이 농장의 3분의 2는 화성을 지키는 군사들에게 나눠 주고, 나머지 3분의 1은 가난한 수원 백성들에게 나눠 주어 농사를 짓게 했어요. 농사를 지어 거둔 수확은 절반씩 나누어 반은 농사

를 지은 사람에게 주고, 나머지 반은 화성을 유지하고 관리하는 비용으로 사용하게 했고요.

일한 만큼 삯을 받게 되자, 농민들은 아주 열심히 일했답니다. 먹고살기가 막막해진다고 군대 가기를 꺼리던 젊은 청년들도 군대에 가기를 꺼리지 않게 되었고요.

이 농장에서는 농사가 시작된 첫해에만 1500여 석의 소출을 올렸어요. 조선의 어느 땅에서도 내지 못한 최고의 생산성을 기록한 거예요.

화성성역의궤

정조는 평소에 자기가 한 일과 만난 사람들, 조정에서 편 정책 등을 꼼꼼하게 일기로 적어 두었어요.

화성을 지을 때도 공사와 관계된 사실들을 빠짐없이 기록하게 하고, 시간이 날 때마다 그 기록을 꼼꼼하게 검토하면서 공사 과정에서 부정이나 비리가 저질러지지 않았는지 살펴보았지요.

화성이 완성된 뒤에 정조는 이 기록들을 모아 책을 펴냈어요. 이렇게 해서 나온 책이 《화성성역의궤》예요. 뒷날 화성 공사처럼 큰 공사를 할 때 참고하라는 뜻으로 펴낸 책인데, 화성의 설계도는 물론이고 공사에 사용된 시공 기법과 기계 및 물자와 경비까지 자세하게 적혀 있답니다.

《화성성역의궤》

세계 문화유산이 된 화성
화성은 18세기 동양 성곽을 대표하는 건축물로, 그 과학성과 아름다움을 인정받아 1997년에 세계 문화유산으로 등록되었답니다.

결전을 앞두고

　화성 공사가 막바지에 이르던 1795년에 정조는 어머니 혜경궁의 회갑 잔치를 화성에서 열기로 하고 행차에 나섰어요. 6000여 명의 수행원과 788필의 말이 동원된 이 엄청난 행차에 백성들이 구름 떼처럼 몰려들어 구경을 했어요.

　엿장수, 떡장수들이 대목을 맞은 듯 시끄럽게 물건을 팔러 다니는 가운데, 정조의 행차에는 언제나 그렇듯이 억울함을 하소연하기 위해 울려 대는 징 소리도 끊이지 않았답니다.

　시흥에서 하룻밤을 묵고 둘째 날 저녁에 화성에 도착한 정조는 셋째 날부터 공식 행사를 시작했어요. 먼저 화성 향교를 찾아가

참배를 하고, 화성 백성의 사기를 드높이기 위해 특별히 과거도 열었지요.

다음 날, 정조는 아버지의 묘소에 절을 하고, 저녁이 되자 화성이 한눈에 내려다보이는 서장대에서 군사들을 거느리고 야간 군사 훈련을 실시했어요.

정조의 명령이 떨어지자, 화성의 네 성문이 닫히고 군사 1000여 명이 성벽 주위에서 일제히 횃불을 올렸어요. 성안 백성들의 집에서도 집집마다 횃불이 올랐고, 정조가 있는 서장대에서도 2700명의 군사들이 일제히 횃불을 올렸답니다.

활활 타오르는 횃불로 대낮처럼 밝혀진 서장대에서 군사들의 훈련 장면을 지켜보는 정조의 얼굴에 희망의 빛이 넘쳐 흘렀어요.

이날 훈련에 참가한 군사들은 모두 장용영 소속으로, 노론 벽파가 쥐고 있던 군대 체제에 맞서기 위해 정조가 몸소 만든 친위 부대였어요. 장용영의 군사들을 이끌고 정조가 직접 훈련을 실시한다는 것은, 노론 벽파의 대신들에게 당파의 이익에서 벗어나 개혁에 참여하라는 경고를 보내는 것과 마찬가지였지요.

그것이 끝이 아니었어요. 다섯째 날에 정조는 왕실 어른들과 조정의 대신들을 모아 놓고 어머니 혜경궁 홍씨의 회갑 잔치를 열었어요. 그리고 다음 날에는 화성 주변에 사는 노인들을 신분의 구애 없이 초대해 양로 잔치를 벌였지요.

이때 정조는 잔치에 참석한 노인 모두에게 비단 한 필과 꽃 두 송이를 선물하고, 두부탕과 편육 등 자기가 먹는 음식과 똑같은 음식을 대접했어요. 임금과 백성이 똑같은 상을 받는다는 것, 이 또한 신분의 높낮이에 관계없이 만백성을 위하는 정치를 해 나가겠다는 정조의 뜻이 담긴 행동이었지요. 당연히 차별과 분별을 강조하던 노론 벽파에게는 큰 위협이 되었고요.

결국 노론 벽파는 심환지를 우두머리로 세우고, 살아남을 길을 찾기 위해 정순 왕후 김씨와 손을 잡았어요. 정순 왕후는 영조가 첫 왕비를 여의고 예순여섯 살에 새로 맞아들인 새 왕비로, 열다섯 살에 궁궐에 들어와 영조로부터 아낌없는 사랑을 받았어요. 정조와는 피 한 방울 섞이지 않았지만 왕실의 최고 어른인 대왕대비로 섬김을 받았고, 정조가 갑자기 죽으면 어린 세자를 대신해 나라를 다스리게 되어 있었지요.

그런데 정순 왕후는 욕심이 아주 많았어요. 아들뻘이면서 자기보다 열 살이나 많은 사도 세자를 미워해서, 친정 오라비 김구주와 짜고 사도 세자를 모함하는 일에 앞장서기도 했지요. 그 탓에

정조가 임금이 된 뒤에 정순 왕후의 집안은 풍비박산이 났어요.

그 뒤로 정순 왕후는 대비전에서 남모르게 복수의 날을 갈았어요. 정조가 죽으면 자기 양자를 들여 임금 자리에 앉히려고 음모를 꾸미는가 하면, 노론을 이간질해 정조에 반발하는 세력을 키우기도 했답니다.

이렇게 정조가 죽기만 손꼽아 기다리는 정순 왕후와 손을 잡고 노론 벽파는 힘을 키워 나갔어요. 그러면서 화성을 세운 정조의 정책을 비판하는 한편, 한때 천주교를 믿었다는 구실로 이가환을 거세게 공격했지요. 이가환은 정약용을 비롯한 젊고 개혁적인 남인 선비들의 맏형 노릇을 하던 사람으로, 채제공의 뒤를 이어 남인들을 이끌 인재로 꼽히고 있었거든요.

그러던 1800년 5월 그믐날, 정조는 대신들을 불러 놓고 마침내 자신의 속뜻을 내비쳤어요.

"지난 시대에 노론이 영조 임금께 충성을 다한 것은 인정하오. 하지만 시간이 흐르면 사람이 바뀌고, 시대가 달라지면 옳고 그름도 달라질 수 있소. 영조 임금께 충성을 다했다고 해서 그가 과인에게도 충신이라고 할 수는 없소."

순간, 노론 벽파 대신들의 얼굴에 긴장감이 흘렀어요. 영조에게 충성을 다한 당파는 바로 노론 벽파이니, 이제부터 정조가 하려는 이야기는 노론 벽파를 겨냥하고 있는 셈이었으니까요.

정조가 차분히 말을 이었어요.

"그동안 과인은 특별한 방법으로 정승을 뽑아 왔소. 김종수와 윤시동, 채제공의 경우에서 알 수 있듯이, 8년 동안 시련을 준 다음에 그것을 이겨 내면 8년 동안 정승으로 크게 쓴 것이오. 다음 정승도 과인은 그렇게 뽑을 것이오. 그러니 임오화변(사도 세자가 뒤주에 갇혀 죽은 사건)을 일으킨 자들은 이제라도 잘못을 인정하고 과인의 개혁 정책에 힘을 보태시오."

이윽고 정조가 말을 마쳤을 때 노론 벽파 대신들은 얼굴이 흙빛으로 변해 있었어요. 8년 동안 시련을 견뎌 낸 사람. 노론 중에는 그런 사람이 없었으니까요. 노론은 다수파라는 이점을 이용해 끊임없이 자기 사람들을 보호해 왔거든요.

사실 그런 재목은 노론이 그토록 미워하던, 그래서 정조가 큰 벼슬을 내릴 때마다 반대 상소를 올려 벼슬자리를 떼 놓던 남인 중에 있었어요. 바로 이가환과 정약용이었지요. 결국 정조의 말에는, 노론이 잘못을 인정하지 않으면 조정의 중심 세력을 남인으로 완전히 바꾸겠다는 엄중한 경고가 담겨 있었던 거예요.

노론 벽파 대신들은 아무 말도 하지 않았어요. 초계문신 출신으로 정조를 돕다가 벽파로 돌아선 이서구만 반박했을 뿐 모두 입을 꾹 다물고 있었지요. 마치 태풍이 오기 전날 밤처럼 조정은 조용한 가운데 긴장감이 넘쳐 흘렀어요.

갑작스러운 죽음

"내가 왜 이러지?"

며칠 뒤, 정조가 몸을 일으키며 중얼거렸어요. 머리가 터질 듯이 아프고 몸이 무거워 일어나기도 힘이 들었어요.

'신경을 너무 쓴 탓일까?'

5월 그믐에 노론 벽파에 마지막 경고를 한 뒤로 정조는 계속 머리가 무거웠어요. 아버지 생각에 울화가 치밀어 가슴도 자주 답답했고요.

임금이 된 뒤로 정조는 자주 이런 증세를 겪었어요. 그래서 며칠이 지나면 괜찮아지겠지 하고 심각하게 받아들이지 않았지요.

하지만 시간이 지나도 정조의 몸은 나아지지 않았어요. 머리가 깨질 듯이 아프고, 가슴이 답답해 숨을 쉬기 힘들었으며, 목도 너무 뻐근했어요. 이상하다 싶어 만져 보니 목덜미에 울룩불룩 종기가 돋아 있었어요.

당장 내의원들이 달려와 정조의 목에 약을 붙였어요. 탕약도 줄줄이 들여왔어요. 하지만 종기는 낫지 않았답니다. 오히려 등으로 번져 나가 등 전체가 고름투성이가 되었고, 몸도 불덩이처럼 달아올랐어요. 등에서 피고름이 터져 가만히 누워 있기도 힘이 드는데, 설상가상 날씨까지 무더워 정조의 몸에서 썩은 내가 진동을 했어요. 위험을 무릅쓰고 수은을 태운 연기까지 쐬었으나 그때뿐, 증세는 갈수록 심해지기만 했지요.

그러던 6월 28일, 대비 정순 왕후가 손수 탕약을 들고 정조의 방으로 들어가더니, 무슨 까닭인지 방에 있던 대신들과 의원들을 모두 밖으로 내보냈어요.

그리고 얼마 뒤, 방 안에서 대비가 울부짖는 소리가 들려왔어요.

"주상, 주상, 정신을 차려 보시오! 어서 눈을 떠 보시오!"

깜짝 놀란 대신들과 의원들이 방 안으로 뛰어들어 갔어요. 그러나 정조는 정신도 가누지 못할 만큼 상태가 심각해져 있었어요.

정조는 들릴락 말락 한 소리로 "수정전"이라 중얼거리고는 곧바로 숨을 거두었어요. 이때 정조의 나이 겨우 마흔아홉 살이었어요. 눈을 감기에는 너무 이른 나이였지요.

수정전은 대비 정순 왕후가 살던 궁전의 이름이었어요. 아니나 다를까, 정조가 죽자 정순 왕후는 열한 살에 임금이 된 어린 순조를 끼고, 노론 벽파와 함께 정조가 뿌려 놓은 개혁의 씨앗들을 짓밟기 시작했어요.

정조의 신임을 받던 남인 이가환을 천주교를 믿는다는 죄목으로 고문해 죽이고, 정약용을 비롯한 남인 선비 400명을 귀양을 보내 정조의 개혁을 뒷받침하던 세력을 무너뜨렸어요. 정조가 아끼던 북학파의 실학자 박제가도 서얼 주제에 설친다고 귀양을 보냈어요. 정조의 친위 부대 장용영을 없애고, 정조가 개혁의 둥지로 삼으려고 한 화성도 폐허로 만들었으며, 격쟁과 암행어사 제도, 규장각도 있으나마나 한 것으로 만들어 버렸지요.

그러자 백성들 사이에는 정조가 독살되었다는 흉흉한 소문이 돌기 시작했어요. 그리고 정조의 원수를 갚자는 목소리도 조심스럽게 퍼져 나갔지요. 경상도 안동에서 장시경이라는 선비는 정조의 원수를 갚겠다며 실제로 관아를 공격하기도 했답니다.

그러나 이때 정조의 뜻을 받들던 관리들은 대부분 죽거나 귀양을 가고 없었어요. 잘못 돌아가는 정치를 바로잡으려는 백성들의 노력에 힘을 보태 줄 사람이 거의 남아 있지 않았던 거예요.

이 무렵에 세계는 하루가 다르게 발전하고 있었어요. 일찍이 신분 제도를 개혁하고 산업 혁명을 이루어 낸 서양의 부강한 나라들은 이제 세계로 뻗어 나가 식민지를 세우는 일에 열을 올렸어요. 이웃 나라 일본은 서양 열강에 문호를 개방하고 근대화에 박차를 가하고 있었지요.

그러나 조선은 계속해서 뒷걸음질만 쳤어요. 정조가 죽은 뒤에는 정순 왕후가 노론 벽파와 손을 잡고 정조가 이룩한 개혁의 성과물을 모두 짓밟아 버렸고, 정순 왕후가 물러난 뒤에는 안동 김씨의 세도 정치(왕실의 가까운 친인척이나 신하가 강력한 권세를 잡고 나랏일을 좌우하는 정치)가 시작되어 온 나라에 탐관오리가 들끓고 백성들이 곳곳에서 난리를 일으켰어요.

이렇게 나라의 힘이 약해지자, 힘센 나라들이 저마다 조선을 식민지로 삼으려고 덤벼들었어요. 결국 조선은 1910년에 일본에 나라를 빼앗기고 말았어요. 그래서일까요? 사람들은 정조가 조금만 더 오래 살았더라도 우리나라가 일본의 식민지가 되지는 않았을 거라고 이야기하곤 해요. 식민지 시기를 거치지 않았다면 한국전쟁이나 남북 분단 같은 일은 일어나지 않았을 거라고 하고요.

하지만 역사에서 '만약'이라는 말은 아무런 의미도 없어요. 개혁이 필요할 때 개혁을 이루지 못하면, 나라의 힘이 약해지고 백성들이 큰 고통을 겪게 된다는 교훈만 남을 뿐이지요.

 정조는 정말로 독살을 당했을까?

정조의 죽음을 안타까워하는 사람들 가운데 몇몇은 정조가 독살을 당했다는 주장을 펴기도 해요. 그리고 그 근거로 정조에게 연훈방을 쓰라고 권한 사람이 심환지였다는 사실을 들지요. 연훈방은 수은을 태운 연기로 종기를 치료하는 방법인데, 자주 쓰면 수은에 중독되어 죽을 위험이 있거든요. 또 심환지는 정조의 개혁 정책에 맞서던 노론 벽파의 우두머리였고요. 정조가 죽기 직전에 정순 왕후가 정조의 방에 탕약을 들고 들어가 다른 사람을 모두 밖으로 내보낸 사실을 정조 독살의 근거로 내세우는 사람들도 있어요. 정조를 눈엣가시처럼 여기던 정순 왕후가 정조와 단둘이 방 안에 있으면서 몸져누워 있는 정조에게 무슨짓을 했을지 모른다는 거지요.

그러나 학자들은 대부분 이러한 독살설이 근거가 없다고 보고 있어요. 연훈방에 쓰인 수은이 사람의 목숨을 앗아 갈 만큼 많은 양이 아니었고, 정조가 평소에 먹는 음식과 약을 여간 까다롭게 검사하지 않았거든요.

사실 정조는 자기 병이 울화증 때문에 생겼다고 이야기했대요. 아버지의 죽음을 생각할 때마다 끓어오르는 분노를 누르고 누르다 보니 몸에 병이 돋고 말았다는 거지요.

더욱이 정조는 임금이 된 뒤로 마음먹고 쉬어 본 적이 없어요. 백성들에게 내릴 정책은 하루가 늦어도 안 된다며 내내 밤잠을 설치며 일을 했지요.

이렇게 피로가 쌓일 대로 쌓여 있던 터에 종기가 심해지자, 정조는 한여름인데도 문을 꼭꼭 걸어 닫고 뜨거운 탕약을 수없이 들이켜야 했어요. 또 음식이 잘 넘어가지 않아 거의 20일 동안을 미음만 먹고 버텨야 했고요.

학자들은 이러한 사정을 모두 고려해, 정조가 울화증과 더위, 탈진, 영양 실조 때문에 이른 나이에 눈을 감게 되었다고 이야기한답니다.

열린 주제

화성

화성은 정조가 아버지 사도 세자의 넋을 기리고 백성을 위한 새 정치를 실험하기 위해 수원에 새로 세운 성이에요. 1796년에 완성되었는데, 빼어나게 아름답고 과학적이라는 평가를 받아 세계 문화유산으로 정해졌어요.

팔달문

■ **팔달문**
화성의 남문. 문의 바깥쪽에 반달 모양의 작은 성(옹성)을 쌓아 성문을 지키게 했어요.

서장대

■ **서장대**
화성에서 가장 높은 곳에 있는 대. 화성의 군사들을 총지휘하던 곳으로, 1795년에 정조가 이곳에서 군사를 시범 지휘했어요.

봉돈

■ **봉돈**
적의 움직임을 살피고 위급한 일이 일어났을 때 연기를 피워 올리던 곳. 평상시에는 한 굴뚝에서만 연기를 올리고, 위급한 일이 생기면 다섯 굴뚝 모두에서 연기를 올렸어요.

창덕궁

1610년부터 1868년까지 임금이 나랏일을 보던 궁궐이에요. 자연과 조화를 이루는 빼어난 아름다움 덕택에 세계 문화유산으로 정해졌지요. 창덕궁에는 정조가 머물던 흔적도 남아 있답니다.

주합루

■ 주합루
아래층은 왕립 도서관인 규장각의 서고였고, 위층은 열람실이었지요. 왕실 도서관으로 출발한 규장각은 뒷날 정책 연구 기관으로 자리 잡혀 정조의 개혁 정치와 문화의 발전을 이끌었어요.

부용정

■ 부용정
규장각의 학자들이 공부하다 머리를 식힐 수 있도록 주합루 바로 앞에 세워진 정자입니다.

부용지

■ 부용지
부용정과 함께 있는 연못입니다.
땅을 상징하는 네모난 모양의 연못 속에 하늘을 상징하는 둥근 섬이 만들어져 있습니다.

인물 돋보기

서민 문화의 꽃이 핀 영조·정조 시대

임진왜란과 병자호란을 거친 뒤, 조선에서는 농업 기술이 큰 발전을 이루었어요. 상업도 발달해 농민이나 상인들 사이에서도 큰돈을 번 사람이 많아졌지요. 서민 경제가 발전하자, 서민들은 양반들만 즐기는 것으로 여겨지던 예술과 문화에도 관심을 갖게 되었어요. 이렇게 해서 영조와 정조 시대에 서민 문화가 꽃을 피우게 되었답니다.

먼저, 영조·정조 시대에는 《춘향전》, 《토끼전》, 《심청전》과 같은 한글 소설이 널리 유행했어요. 서당이 보급되어 한글을 읽고 쓸 줄 아는 사람이 늘어나자, 백성들은 한글 소설을 베껴 서로 돌려 보기도 했지요. 사람들이 많이 지나다니는 길목에서 이러한 이야기 책을 읽어 주고 돈을 버는 사람들도 있었어요. 이들을 '전기수'라고 하는데, 전기수들은 손짓, 발짓까지 섞어 가며 구성지게 책을 읽다가 가장 흥미진진한 부분에서 딱 멈추었어요. 그러면 사람들은 전기수에게 돈을 던져 주며 책을 계속 읽어 달라고 졸랐지요.

《심청전》, 《춘향전》 같은 이야기는 판소리로 꾸며지기도 했어요. 판소리꾼은 평소에는 도성 안을 돌다가 추수철이 되면 농촌으로, 고기잡이철이 되면 어촌으로 돌며 소리판을 벌여 사람들을 울리고 웃겼답니다.

영조·정조 시대에는 그림에서도 서민들의 삶과 정서를 표현한 풍속화와 민화가 크게 유행했어요.

풍속화가 김홍도의 '타작'

백성을 위해 새 세상을 열어라!
정조

이 시기에 이름을 떨치던 풍속화가로는 서민들의 생활을 구수하고 익살맞게 표현한 김홍도와, 남녀 사이의 은은한 정을 표현한 신윤복이 있지요. 민화는 일반 백성들이 먹고 자는 일상생활의 공간을 장식하기 위해 그린 그림을 말해요. 사람들의 행복과 건강을 기원하는 여러 상징물을 그린 것이 많은데, 대개 이름 없는 화가에 의해 그려졌답니다.

정조의 뜻을 저버린 김조순

김조순은 초계문신 출신으로, 학문이 깊고 식견이 뛰어나 정조의 깊은 신임을 받았어요. 어린 세자의 앞날이 걱정된 정조가 죽기 전에 은밀히 김조순에게 세자를 도와주라고 당부했을 정도지요.

1803년 12월, 정순 왕후의 수렴청정이 끝나자 김조순은 정조의 명을 받들어 어린 왕 순조의 후견인으로 나섰어요. 하지만 세도 정치를 펼쳐 왕을 허수아비로 만들고 백성들의 삶을 도탄에 빠뜨리고 말았답니다.

세도 정치란 임금의 신임을 받은 한 사람이나 가문이 권력을 독차지하고 정치를 펴는 것을 말해요. 김조순의 세도 아래 안동 김씨들은 중요한 관직을 독차지하고 임금이 뜻대로 정치를 펴지 못하게 막았어요. 또한 자신들에게 줄이 닿지 않은 사람은 아무리 재주가 뛰어나도 벼슬길에 오를 수 없게 했지요. 그러자 세도가 안동 김씨의 집안에는 뇌물을 주고 벼슬을 사려는 사람들이 줄을 이었어요. 벼슬자리를 사고파는 세상이 되자, 지방에서는 탐관오리가 극성을 부렸고, 탐관오리에게 시달리다 못한 백성들은 곳곳에서 난리를 일으키게 되었지요.

김조순에서 시작된 안동 김씨의 세도 정치는 고종을 등에 업고 대원군이 등장할 때까지 60여 년이나 계속되며 조선 사회를 망가뜨렸답니다.

연대표

정조의 생애	세계의 동향
	1742 영국과 프랑스, 인도에서 식민지 쟁탈전 시작.
	1747 청나라, 외국 선교사의 국내 거주 금지.
1752 (영조 28년) 9월 22일 사도 세자 부부가 산을 낳음.	*1753* 포르투갈, 청나라에 마카오를 떼어 줄 것을 요구함.
1759 (영조 35년) 산이 왕세손이 됨.	*1760* 청나라, 네팔 정복.
1762 (영조 38년) 산이 김시묵의 딸과 혼인함. 사도 세자가 뒤주에 갇혀 죽음.	*1762* 프랑스, 루소가 《사회계약론》을 펴냄.
	1763 프랑스, 파리 조약으로 아메리카의 식민지 대부분을 영국에 빼앗김.
1764 (영조 40년) 산이 영조의 죽은 맏아들 효장 세자의 양자로 들어감.	

백성을 위해 새 세상을 열어라! 정조

정조의 생애	세계의 동향
	1765 영국, 와트가 증기 기관을 발명함.
1775 (영조 51년) 영조가 늙어 산이 대리 청정을 함.	
1776 산이 조선의 22대 임금 정조가 됨. 정조가 탕평책을 펴겠다고 선언함.	*1776* 미국, 독립 선언.
1778 (정조 2년) 정조가 노비추쇄법을 폐지함.	
	1782 청나라, 《사고전서》 완성
1783 (정조 7년) 정약용이 규장각에 들어감.	*1783* 미국, 영국과 파리 강화 조약 체결. 독립을 승인 받음.
1784 (정조 8년) 규장각 제도가 완성됨.	*1784* 미국, 청나라와 무역 시작.
1788 (정조 12년) 남인 채제공이 정승이 됨.	
1789 (정조 13년) 정조가 사도 세자의 무덤을 화성으로 옮김.	*1789* 프랑스, 대혁명이 일어남. 인권 선언.
1791 (정조 15년) 정조가 신해통공을 실시함. 진산 사건이 일어남.	

정조의 생애	세계의 동향
1792 (정조 16년) 정조가 문체반정을 일으킴.	*1792* 일본, 러시아 사절단이 공식 무역 통로를 열기 위해 홋카이도 항구로 들어옴.
	1794 청나라, 네덜란드 사절이 공식적인 무역 통로를 열기 위해 방문.
	1795 청나라, 영국 사절이 공식적인 무역 통로를 열기 위해 방문.
1796 (정조 20년) 화성이 완공됨.	*1796* 청나라, 백련교의 반란 일어남.
1798 (정조 22년) 장용영 체제가 완성됨.	
1799 (정조 23년) 남인의 영수 채제공이 죽음. 심환지가 정승이 됨.	*1799* 프랑스, 나폴레옹이 쿠데타로 집정 정부 수립.

백성을 위해 새 세상을 열어라!
정조

정조의 생애	세계의 동향

1800 (정조 24년) 정조가 열한살 원자(뒷날의 순조)를 왕세자로 삼음.
6월 28일 정조가 종기가 심하게 번져 갑자기 죽음.
대비 정순 왕후가 어린 순조를 끼고 수렴청정을 시작함.

1801 (순조 1년) 천주교를 믿는다는 이유로 남인 이가환과 정약용 등 500여 명이 죽거나 귀양을 감. 박제가가 누명을 쓰고 귀양을 감.

1802 (순조 2년) 장용영이 없어짐.

1803 (순조 3년) 정순 왕후가 수렴청정을 거둠. 안동 김씨의 세도 정치가 시작됨.

1804 프랑스, 나폴레옹을 황제로 추대